# 법 화 경 ③

우리출판사

## 사경의 목적

사경은 경전의 뜻을 보다 깊이 이해하려는 목적도 있지만, 부처님의 말씀을 옮겨 쓰는 경건한 수행을 통해 자기의 신심信心과 원력을 부처님의 말씀과 일체화시켜서 신앙의 힘을 키워나가는데 더 큰 목적이 있다.

조용히 호흡을 가다듬고 부처님의 말씀을 마음으로 되새기며, 정신을 집중하여 사경에 임하다 보면 자신도 모르는 사이에 사경 삼매에 들게 된다. 또한 심신心身이 청정해져 부처님의 마음과 통하게 되니, 부처님의 지혜의 빛과 자비광명이 우리의 마음속 깊이 스며들어 온다.

그러면 몸과 마음이 안락과 행복을 느끼면서 내 주변의 모든 존재에 대한 자비심이 일어나니, 사경의 공덕은 이렇듯 그 자리에서 이익을 가져온다.

## 사경하는 마음

경전에 표기된 글자는 단순한 문자가 아니라 부처님께서 깨달은 진리라는 상징성을 갖고 있다. 경전의 글자 하나하나가 중생구제를 서원하신 부처님의 마음이며, 중생을 진리의 길로 인도하는 지침인 것이다.

예로부터 사경을 하며 1자3배의 정성을 기울인 것도 경전의 한 글자 한 글자에 부처님이 함께하신다고 생각했기 때문이다. 사경이 수행인 동시에 기도의 일환으로 불자들에게 널리 행해지는 까닭이 여기에 있다.

사경은 부처님의 가르침과 함께하는 시간이며 부처님과 함께하는 시간이다. 부처님의 말씀을 가슴으로 받아들이고 마음으로 찬탄하며 진실로 기쁘게 환희로워야 하는 시간인 것이다.

따라서 사경은 가장 청정한 마음으로 임해야 한다.

## 사경의 공덕

❀ 마음이 안정되고 평화로워져 미소가 떠나질 않는다.

❀ 부처님을 믿는 마음이 더욱 굳건해진다.

❀ 번뇌 망상, 어리석은 마음이 사라지고 지혜가 증장한다.

❀ 생업이 더욱 번창한다.

❀ 좋은 인연을 만나고 착한 선과가 날로 더해진다.

❀ 업장이 소멸되며 소원한 바가 반드시 이루어진다.

❀ 불보살님과 천지신명이 보호해 주신다.

❀ 각종 질환이나 재난, 구설수 등 현실의 고苦를 소멸시킨다.

❀ 선망조상이 왕생극락하고 원결 맺은 다겁생의 영가들이
   이고득락離苦得樂한다.

❀ 가정이 화목하고 자손들의 앞길이 밝게 열린다.


## 사경하는 절차

1. 몸을 깨끗이 하고 옷차림을 단정히 한다.

2. 사경할 준비를 갖춘다.(사경상, 좌복, 필기도구 등)

3. 삼배 후, 의식문이 있으면 의식문을 염송한다.

4. 좌복 위에 단정히 앉아 마음을 고요히 한다.
   (잠시 입정하면 더욱 좋다.)

5. 붓이나 펜으로 한 자 한 자 정성스럽게 사경을 시작한다.

6. 사경이 끝나면 사경 발원문을 염송한다.

7. 삼배로 의식을 마친다.

◆ 기도를 더 하고 싶을 때에는 사경이 끝난 뒤, 경전 독송이나
   108배 참회기도, 또는 그날 사경한 내용을 참구하는 명상 시간을
   갖는 것도 좋다.

◆ 사경에 사용하는 붓이나 펜은 사경 이외의 다른 용도에 사용하지
   않도록 한다.

◆ 완성된 사경은 집안에서 가장 정갈한 곳(혹은 높은 곳)에 보관하거나,
   경건하게 소각시킨다.

# 차 례

# 발 원 문

년          월          일

# 11. 견보탑품

그때, 부처님 앞에 칠보탑이 있으니, 높이는 오백 유순이요, 가로와 세로는 이백오십 유순으로 땅으로부터 솟아나와 공중에 머물러 있었다.

갖가지 보물로 장식되어 있으며 오천의 난간과 천만의 감실이 있고, 무수한 당번으로 장엄하게 꾸몄으며 보배 영락을 드리우고, 보배 방울 만억을 그 위에 달았으며, 사면에는 다마라발 전단향을 피워 향기가 세계에 두루 가득하고, 모든 번개는 금·은·유리·자거·마노·진주·매괴 등 칠보로 만들어져 높이가 사천왕 궁전에까지 이르렀다.

서른세 개의 하늘은 하늘의 만다라꽃을 비 내리듯 내려서 보탑에 공양하고, 그 밖에 모든 하늘과 용·야차·건달바·아수라·가루

라·긴나라·마후라가·사람인 듯 아닌 듯한
무리들과 천만억의 대중들도 온갖 꽃과 향과
영락, 번개와 기악들로 보탑에 공양·공경하
고 존중·찬탄하였다.

이때, 보탑 안에서 큰 소리가 울려나와 찬탄
하였다.

"장하시고, 장하시어라. 석가모니 세존이시
여, 능히 평등한 큰 지혜로 보살을 가르치는
법이며, 부처님께서 보호하시는 《묘법연화
경》으로 대중을 위하여 설법하시니 석가모니
세존께서 설하심은 다 진실합니다."

이때, 사부대중은 큰 보탑이 공중에 머물러
있음을 보며, 탑 안에서 나오는 소리를 듣고
모두 기뻐하며 전에 없던 일이라 이상하게 생
각하고 자리에서 일어나 공경·합장하고 한
편에 물러나 있었다.

이때, 보살마하살이 있었으니 이름이 대요설

이라. 모든 세간의 하늘·사람·아수라 등의 의심하는 바를 알고 부처님께 여쭈었다.

"세존이시여. 어떤 인연으로 이 보탑이 땅으로부터 솟아나왔으며, 그 안에서 이런 음성이 나왔습니까?"

그때, 부처님께서 대요설보살에게 말씀하셨다.

"이 보탑 안에는 여래의 전신이 계시니라. 그 옛날 동방에 헤아릴 수 없는 천만억 아승지 세계를 지나서 보정이라는 나라가 있었으니, 그 나라의 부처님은 이름이 다보였노라.

다보 부처님께서 보살도를 행하실 때에 서원을 세우셨으니,

'만일 내가 성불하여 열반한 뒤에 시방 국토 어느 곳에서라도《법화경》을 설하는 곳이 있으면, 나의 탑이 이 경을 듣기 위하여 그 앞에 솟아나서 증명하며 장하다고 찬탄하리라.' 하셨느니라.

부처님께서 성도하신 뒤 열반하실 때에 하늘
사람·대중 가운데서 여러 비구에게 말씀하
시되,

'내가 열반한 뒤에 나의 전신에 공양하고자
하는 이는 하나의 큰 탑을 세워라.'

그 부처님께서 신통원력으로 시방 세계 어느
곳에서나 《법화경》을 설하는 이가 있으면 저
보탑이 그 앞에 솟아나서 탑 가운데 전신이
계시사 찬탄해 말씀하시니, '장하고 거룩하
시어라.' 하시느니라.

대요설이여, 그러므로 지금도 다보여래의 탑
이 《법화경》 설하는 것을 들으려고 땅으로부
터 솟아나 찬탄해 말씀하시기를 '장하고 거
룩하시다.' 하시느니라."

이때, 대요설보살이 여래께서 지니신 신통력
을 입어 부처님께 여쭈었다.

"세존이시여, 저희들이 이 부처님의 전신을

뵙기 원합니다."

부처님께서 대요설보살마하살에게 말씀하셨다.

"이 다보 부처님은 깊고도 진중한 서원이 있으시니 '만일 나의 보탑이 《법화경》을 듣기 위하여 여러 부처님 앞에 솟아났을 때, 나의 몸을 사부대중에게 보이고자 할 때는 시방 세계에서 설법하고 있는 모든 나의 분신을 모두 한곳에 모은 뒤에라야 내 몸을 나타내 보이리라.' 하셨느니라.

대요설아, 시방세계에서 설법을 하고 있는 모든 나의 분신 부처를 이제 모으리라."

대요설보살이 부처님께 여쭈었다.

"세존이시여, 저희들도 세존의 분신이신 여러 부처님들을 뵙고 예배하며 공양하고자 합니다."

이때 부처님께서 눈썹 사이의 흰 터럭으로부터 한 줄기 밝은 빛을 놓으시니, 곧 동방 오백만억 나유타 항하의 모래 수와 같이 많은 국토의 여러 부처님을 뵙게 되었다. 저 여러 국토의 땅은 모두 수정으로 되었고 보배나무와 보배옷으로 장엄하였으며, 무수한 천만억 보살이 그 가운데 계시니, 보배 휘장으로 둘러치고 보배 그물을 드리웠으며, 그 국토의 여러 부처님께서 크고 묘한 소리로 모든 법을 설하시니 헤아릴 수 없는 천만억 보살들이 국토마다 계시면서 대중을 위해 설법하는 모습이 보였으며, 남·서·북방과 사방팔방 상하에 흰 터럭으로부터 밝은 빛이 비치는 곳마다 또한 모두 이와 같았다.

이때, 시방 여러 부처님께서 보살들에게 말씀하셨다.

"선남자여, 내가 이제 사바세계 석가모니 부처님이 계신 곳에 가서 다보여래 보탑에 공양하리라."

이때, 사바세계는 곧 청정하게 변하여, 유리로 땅이 되고 보배나무로 장엄하며, 황금으로 길을 만들어 여덟 길을 경계하고 여러 부락과 마을과 성읍과 큰 바다와 강과 하천, 산과 들과 숲이 없어지고 큰 보배향을 사르며, 만다라꽃을 그 땅에 두루 깔고, 보배망과 휘장을 그 위에 치고 덮어 온갖 보배 방울을 달아 놓고 이 법회의 대중만 남기시며 모든 하늘·사람들은 다른 곳으로 옮기었다.

이때, 여러 부처님께서는 각각 한 명의 대보살을 시자로 거느리고 사바세계에 오시어 보배나무 아래 이르시니, 보배나무 높이는 오백 유순이요, 가지와 잎과 꽃과 열매가 차례대로 장엄하고 많은 보배나무 아래 사자좌가 있어, 높이가 오 유순이요, 큰 보배로 꾸며져 있었다.

이때, 모든 부처님께서 각기 이 자리에 가부

좌를 하고 앉으시며 이와 같이 점점 이어져

삼천대천세계에 가득 찼지만, 석가모니불의

한쪽 방위의 분신불도 다하지 못하였다.

이때, 석가모니불께서는 분신한 여러 부처님

을 수용하시고자 팔방으로 다시 각각 이백만

억 나유타 국토를 변화시켜 청정하게 하시니

지옥·아귀·축생·아수라는 없어지고 모든

하늘·사람은 다른 국토로 옮겼으며, 변화한

나라도 유리로 땅이 되며 보배나무로 장엄하

니, 나무의 높이 오백 유순이요, 가지와 잎과

꽃과 열매가 차례대로 장엄하며 나무 아래 보

배 사자좌가 있으니 높이가 오 유순이라.

갖가지 보배로 꾸며졌으며, 바다와 강과 하천

이 없으며 목진린타산·마하목진린타산·철

위산·대철위산·수미산 등의 여러 큰 산이

없어져 특 트여 한 불국토로 되고, 보배로 된

땅이 평탄하며 보배로 엮어 만든 휘장을 위에

두루 치고 번개를 걸어 큰 보배향을 사르며,
모든 하늘의 보배꽃을 땅에 두루 깔았다.
석가모니 부처님께서 여러 분신의 부처님을
앉게 하시려고 팔방으로 각각 이백만억 나유
타 국토를 다시 변화시켜 모두 청정케 하시
니, 지옥·아귀·축생·아수라가 없어지고,
모든 하늘·사람들은 옮기어 다른 국토에 보
내니, 그 변화한 국토들도 유리로 땅이 되고,
보배나무로 장엄되어 나무의 높이는 오백 유
순이요, 가지와 잎과 꽃과 열매가 차례로 장
엄되었으며, 나무 아래는 보배로 만든 사자좌
가 있어 높이가 오 유순이라. 큰 보배로 꾸며
졌으며, 바다와 강이 없으며 목진린타산·마
하목진린타산·철위산·대철위산·수미산
등 모든 큰 산이 없어서 툭 트여 한 불국토로
되고, 보배로 된 땅이 평탄하며 보배로 엮어
만든 휘장을 위에 두루 치고 번개를 걸어, 큰

보배향을 사르며, 모든 하늘의 보배꽃을 땅에 두루 깔았다.

이때, 동방 백천만억 나유타 항하 모래의 국토에 계시면서 법을 설하던 석가모니불의 분신이신 부처님들께서도 여기에 모여 오셨다.

이와 같이 하여 차례로 시방 여러 부처님께서 오셔서 팔방에 앉으셨다.

이때, 방위마다의 사백만억 나유타 국토의 여러 부처님도 오셨다.

이때, 부처님들께서는 각각 보배나무 아래 있는 사자좌에 앉아 시자들을 보내어 석가모니불께 문안 드리게 하면서 각기 보배꽃을 한 아름씩 주며 이들에게 이르셨다.

"선남자여, 그대가 기사굴산 석가모니불 계신 곳에 나아가 내 말대로 문안 드려라.

'병환이 없으시고 고뇌가 없으시어 기력이 좋으시며, 보살과 성문 대중도 다 평안하옵

니까.'

그리고 이 보배꽃을 부처님께 공양하며 말하기를,

'저 아무 부처님이 이 보탑을 열어주시길 희망하나이다.' 하여라."

여러 부처님께서도 시자를 보내어 또한 이와 같이 하였다.

이때, 석가모니불께서 분신 부처님들이 다 모여 오셔서 각기 사자좌에 앉으심을 보시고, 또 여러 부처님이 다 같이 보탑을 열고자 함을 들으시며, 자리에서 일어나 허공 가운데에 머무시므로, 여러 사부대중이 일어서서 손 모으고 한마음으로 부처님을 우러러보았다.

이에, 석가모니불께서 오른손 손가락으로 칠보탑의 문을 여시니, 큰 소리가 나되, 마치 잠겨 있는 자물쇠를 제치고 큰 성문을 여는 것과 같았다.

이때 여러 국토에서 모인 대중들 모두가 다보 여래께서 보탑 안의 사자좌에 앉으셨으되, 전신이 단정하시어 선정에 드신 것 같은 모습을 보이시니,

"장하시고 거룩하시어라. 석가모니불이 쾌히 이 《법화경》을 설하시니, 저는 이 경을 듣기 위하여 여기에 왔습니다." 하였다.

이때, 사부대중들은 과거 무량 천만억 겁 전에 멸도하신 부처님들께서 이 같이 말씀하심을 듣고 일찍이 없던 것이라 찬탄하며 하늘의 보배꽃더미를 다보불과 석가모니불 위에 뿌리었다.

이때, 다보불께서 보탑 안에서 자리의 반을 나누어 석가모니불께 주시고 말씀하시되,

"석가모니불께서는 이 자리에 앉으소서." 하시니, 즉시 석가모니불께서 그 탑 안으로 들어가시어 반으로 나누어진 자리에 가부좌를

하고 앉으셨다.

이때, 대중들은 두 분 여래께서 칠보탑 안에 계시며 사자좌 위에 가부좌를 하시고 앉으심을 보고 각각 이렇게 생각하였다.

'부처님 자리가 높고 머오니 바라옵건대 여래께서는 신통력으로 저희들을 함께 허공에 있게 하소서.'

즉시 석가모니불께서 신통력으로 여러 대중을 이끌어 허공에 있게 하시고 큰 음성으로 사부대중에게 이렇게 말씀하셨다.

"누가 이 사바세계에서 《묘법연화경》을 널리 설하겠는가. 지금이 바로 그때이니라. 여래는 오래지 않아 열반에 드니, 이 《묘법연화경》을 부촉하려 하노라."

이때 세존께서 이 뜻을 펴시려고 게송으로 말씀하셨다.

　　성주이신 세존께서　　멸도하심 오래이나

보탑 안에 계시면서     법을 위해 오셨는데

어찌하여 중생들은     법 구하려 않는 건가.

이 부처님 멸도하심     백천만 겁 오래이나

법을 찾아 듣는 곳은     만나기 어려워라.

그 부처님 본래 서원     내가 멸도한 뒤에도

어디든지 찾아가서     법 들으려 하느니라.

또 나의 분신으로     항하의 모래 수 같아

셀 수 없는 여러 부처     법 들으려 여기 오고

오랜 옛날 멸도하신     다보여래 뵈오려고

미묘한 장엄국토를     하나 없이 다 버리고

제자들과 하늘 인간     여러 공양 싫다 하고

법이 오래 머물도록     예부터 이곳 왔네.

오신 부처 앉게 하여     신통력을 나투셔서

무량 중생 옮기시고     이 국토가 청정하네.

여러 부처님이 각기     보배나무 아래 앉아

맑고 맑은 연못 위에     연꽃을 장엄하듯

보배나무 아래마다     장엄된 사자좌에

부처님이 앉으시니　　　큰 빛으로 장엄함이

칠흑같이 어둔 밤에　　　태양빛을 비추시네.

몸에서 나는 향기　　　시방세계 두루하니

중생들이 향기 맡고　　　기뻐하는 그 마음은

큰 바람이 작은 가지　　　스쳐가는 것과 같이

이런 한 방편으로　　　이 법을 머물게 하리.

중생들께 말하노니　　　내가 멸도한 뒤에도

누가 이 경전을 받아　　　능히 읽고 설할 건가.

지금 부처님 앞에서　　　스스로 선서하라.

저기 계신 다보불도　　　멸도한 지 오래이나

크게 세운 서원으로　　　사자후를 설하시니

장엄하신 다보불과　　　석가모니 나와 함께

여러 화신 부처만이　　　깊은 뜻을 알고 있다.

부처님 제자들이여　　　누구나 법 받들려면

발원을 크게 세워서　　　오래도록 머물면서

《법화경》을 받아 지녀　　　능히 읽고 보호하면

나와 다보 부처님께　　　공양함이 되느니라.

여기 다보 부처님은 다보탑에 계시면서

《법화경》을 듣기 위해 시방세계 출현하며

오신 여러 화신 부처 큰 빛으로 여러 세계

장엄하게 꾸미는 이 이런 이를 공양하며

《법화경》을 설하면은 나의 몸과 다보여래

여러 화현 부처님을 다 함께 친견하니라.

여러 선남자들이여 각기 깊이 생각하라.

이는 어려운 일이니 발원을 크게 세워라.

이 밖에 여러 경전을 항하의 모래같이

모두 다 설법하여도 이 경보다 쉬우니라.

그렇게 큰 수미산을 타방의 불국토에다

멀리 던진다 하여도 그 일 어렵지 않으며

만일 발가락 하나로 삼천대천 세계를

멀리 들어 놓는 일도 어려울 것 하나 없고

유정천에 올라 서서 셀 수 없는 중생들께

다른 경전 설법해도 어려울 것 없지만은

부처님 열반 뒤에 악한 세상에 태어나

이 경전을 설하는 일    어렵고도 어렵네.

가령 어떤 사람 있어    허공을 휘어잡고서

그 가운데 거닐어도    어려운 일 못 되건만

내가 멸도한 뒤에    스스로 써서 갖거나

남을 시켜 쓰게 하는    이런 일은 어려우며

어떤 사람 큰 땅덩이    발톱 위에 올려놓고

범천까지 오른대도    어려운 일 아니지만

부처님 멸도한 뒤    악한 세상에 태어나

이 경 잠깐 읽는 일은    어려웁고 어려운 일.

마른 풀을 짊어지고    불 속으로 뛰어들어

몸을 비록 안 태워도    어려운 일 아니지만

내가 멸도한 뒤에    이 경전을 받아 지녀

한 사람께 설하여도    그런 일은 어려운 일.

팔만사천 불법장과    십이 부의 경전들을

모두 다 받아 지녀    인간 위해 설법하고

설법 들은 중생들이    육신통을 다 얻도록

교화하고 인도해도    어려운 일 아니지만

내가 멸도한 뒤에　　　이 경전을 받아 지녀

경전 뜻을 묻는 일은　　이가 곧 어려운 일.

어떤 사람 설법하여　　셀 수 없이 많이 있는

천만억의 항하 모래　　그 많은 중생들에게

아라한과 얻게 하고　　육신통을 갖춰 주며

비록 이익 있다 해도　　어려운 일 못 되오나

내가 멸도한 뒤에　　　법화경전 능히 받아

받들고 지니는 일은　　이 일이 곧 어렵노라.

내가 불도 위하여　　　무량 무변 국토에서

처음부터 지금까지　　여러 경전 설했으나

그 가운데 이 경전이　　참되고도 제일이니

능히 받아 지니면은　　부처님을 받드는 일.

여기 모인 선남자야,　　내가 멸도한 뒤에

누가 능히 이 경전을　　받아 지녀 읽고 욀까.

누가 부처 앞에 나와　　스스로 선서하라.

받아 지님 어려운 경　　잠시라도 수지하면

내 마음이 기뻐하니　　여러 부처 그러하네.

이와 같은 사람들은 　　부처 칭찬 받을지니
이것이 곧 용맹이며 　　범행 닦는 정신이요
이 이름이 지계로써 　　두타행을 닦음이니
위없는 부처님 도 　　더욱 빨리 이룰지라.
앞으로 오는 세상 　　이 경전을 수지하면
이런 이가 참된 불자 　　좋은 땅 머무르며
부처님 멸도한 뒤 　　경전 뜻을 이해하면
이런 사람 하늘 인간 　　세간의 눈이 되니라.
두려운 이 세상에서 　　잠깐만 설해도
모든 하늘 인간들이 　　모두 공경하네.

# 12. 제바달다품

이때, 부처님께서 보살들과 하늘과 사람과 사부대중에게 말씀하셨다.

"나는 과거 헤아릴 수 없는 겁 동안 《법화경》을 구할 적에 게으름이 없었노라. 여러 겁 동안 항상 국왕이 되어 발원하여 위없는 깨달음을 구하되 마음이 물러나지 아니하였느니라.

육바라밀을 이루기 위하여 보시를 부지런히 행할 적에 마음에 인색함이 없이 코끼리·말·칠보·국토·처자·남종·여종들과 머리·얼굴·몸·손발과 목숨도 아끼지 아니하였느니라.

이때, 세상 사람들의 목숨은 헤아릴 수 없지만 법을 구하기 위하여 마음에서 국왕의 자리를 버리고 나라 일을 태자에게 맡기며, 북을 쳐 선포하여 사방으로 법을 구하되,

'누가 나를 위해 대승을 설하겠소. 내가 반드시 종신토록 섬기며 시중하겠습니다.' 하였노라.

이때, 한 선인이 와서 왕에게 말하였으니, '나에게 대승경이 있으니 이름이 《묘법연화경》이라. 만일 나의 뜻을 어기지 않으면 설하여 주리라.'

왕은 선인의 말을 듣고 뛸 듯이 기뻐하며 선인을 따라가서 구하는 것을 공급하되, 과일을 따고 물을 긷고 나무를 하고 음식을 장만하며 또는 몸으로 선인의 앉을 자리가 되어도 몸과 마음에 태만함이 없었으며 이렇게 받들어 섬기기를 천 년을 지냈으나, 법을 위하는 까닭에 지성으로 모시어 조금도 부족함이 없게 하였노라.''

이때, 세존께서 이 뜻을 펴시려고 게송으로 말씀하셨다.

내가 과거 생각하니　　큰 법문을 구하려고

세상 국왕 되었지만　　오욕락을 탐내지 않고

큰 법문을 찾으려고　　사방에 북을 울려서

나를 위해 설법하면　　그의 노복이 되리라.

아사선인 찾아와서　　대왕 앞에 하는 말이

내가 가진 미묘한 법　　세간에서 드무니

만일 그 법 수행하면　　너를 위해 설하리라.

국왕이 그 말 듣고　　마음 크게 기뻐하여

그 선인을 즉시 따라　　모시고 받들어서

나물 캐고 나무 하고　　과일 따고 물을 길어

밥을 짓고 빨래 하고　　온갖 일을 보살필 새

미묘한 법 뜻을 두니　　몸과 마음 가벼워라.

여러 중생 위하여서　　부지런히 구하는 법

나의 욕심 채우거나　　오욕락이 아니므로

큰 대왕이 되어서도　　이런 법을 구하여서

마침내는 성불하여　　너를 위해 설하노라.

부처님께서 여러 비구들에게 말씀하셨다.

"그때의 왕은 바로 나요, 선인은 지금의 제바달다이니라. 제바달다는 훌륭한 선지식이었느니라. 내가 육바라밀과 자비희사와, 서른두 가지 뛰어난 모습과 여든 가지 잘 생긴 것과, 자주빛 황금색과 열 가지 무소외와, 네 가지 법, 열여덟 가지 함께 하지 않는 법, 신통도력 등을 다 갖추어 등정각을 이루고 널리 중생을 제도하게 됨도 다 제바달다 선지식 때문이라.

모든 사부대중에게 말하노니, 제바달다는 이루 헤아릴 수 없는 겁을 지니서 성불하며 이름은 천왕여래·응공·정변지·명행족·선서·세간해·무상사·조어장부·천인사·불세존이요, 그 세계의 이름은 천도라 하리라.

그때, 천왕불은 이십 중겁을 머무르며 중생을 위하여 묘법을 설하니, 항하의 모래같은 중생이 위없는 도심을 일으켜 무생인을 얻어 물러

남이 없는 자리에 머무르리라.

그때, 천왕불이 열반에 드신 뒤에 바른 법이 세상에 이십 중겁 동안 머무르며 전신사리로 칠보탑을 일으키되 높이는 육십 유순이요, 가로와 세로는 사십 유순이라.

모든 하늘과 인간이 온갖 꽃과 말향·소향·도향과 의복·영락·당번·보개·기악·가무로써 칠보의 미묘한 탑에 예배하고 공양하리라.

헤아릴 수 없는 중생이 아라한과를 얻고, 수없는 중생이 벽지불을 깨달으며 불가사의한 많은 중생이 깨달으려는 마음을 일으켜 물러나지 않으리라."

부처님께서 여러 비구에게 말씀하셨다.

"다가오는 세상에 선남자 선여인이 《묘법연화경》〈제바달다품〉을 듣고 맑고 깨끗한 마음으로 믿고 공경하며 의심을 내지 않는 이는 지옥·아귀·축생에 떨어지지 아니하고 시방 부처님 앞에 태어나며, 태어난 곳에서 항상 이 경을 들으리라. 만일, 사람·하늘에 나면 가장 빼어나고 묘한 즐거움을 받고 만일 부처님 앞에 나면 연꽃 위에 화생하리라."

이때, 하방세계에서 다보세존을 따라온 지적보살이 다보불께 인사하고 본토로 돌아가려하니, 석가모니불께서 지적에게 말씀하셨다.

"선남자여, 잠깐만 기다려라. 여기에 한 보살이 있으니 이름이 문수사리니라. 서로 만나보고 묘법을 논의한 뒤 본토로 돌아감이 좋으리라."

이때, 문수사리는 큰 수레바퀴 만한 천엽 연꽃에 앉고, 함께 오는 보살들도 또한 보배 연꽃에 앉아, 큰 바다의 사갈라용궁으로부터 저절로 솟아나서 허공 가운데에 머물러 영취산에 나아가, 연꽃에서 내려와 부처님이 계신

곳에 이르러 머리 숙여 두 분 세존 발에 예경
을 마치고 지적보살 계신 곳에 가서 함께 서
로 위로하고 물러가 한쪽에 앉으니, 지적보살
이 문수사리보살에게 물었다.

"어지신 분께서 용궁에 가서 교화하신 중생
은 그 수가 얼마나 되나이까?"

문수사리가 말하였다.

"그 수는 끝이 없어 헤아리지 못하니 입으로
말할 수 없으며, 마음으로 측량할 바 아니므
로 잠깐만 기다리면 스스로 증명하여 알게 되
리이다."

말을 마치기도 전에 수없는 보살이 보현화에
앉아서 바다로부터 솟아나와 영취산 허공에
머물러 있었다. 이 모든 보살은 문수사리가
교화하여 제도한 이들로, 보살행을 갖추어 육
바라밀을 논의하고, 본래 성문이던 자는 허공
에서 성문의 행을 설하고 지금은 모두 대승의

빈 이치를 수행하는 이들이었다.

문수사리가 지적에게 말하였다.

"바다에서 교화한 일이 이와 같나이다."

이때, 지적보살이 게송으로 찬탄하였다.

크신 지혜 크신 위력　위대하신 용맹으로
무량중생 교화하심　나와 대중이 보았네.
참모습의 뜻 연설하고　일승법을 열어 보여
제도한 많은 중생들　깨달음 이뤄주셨네.

문수사리가 말하였다.

"나는 바다 속에서 오직 《묘법연화경》만을
설하였습니다."

지적이 문수사리에게 물었다.

"이 경은 매우 깊고 미묘하여 모든 경전 가운
데 보배이며 세상에서 드무니, 중생들이 이
경전을 부지런히 정진하여 닦아 행하면 속히
성불할 수 있나이까?"

문수사리가 대답하였다.

"사갈라용왕의 딸이 있어 나이는 겨우 여덟 살이라. 지혜롭고 총명하여 중생의 근기와 행업을 잘 알며, 다라니를 얻어서 여러 부처님께서 설하신 깊은 법장을 받아 지니고, 깊이 선정에 들어가 모든 법을 요달하며 찰나 사이에 깨달으려는 마음을 일으켜 물러나지 않으려 하니, 변재가 걸림이 없고 중생을 어여삐 생각하기를 어린 자식같이 하며, 공덕이 다 갖추어져 마음으로 생각하고 입으로 연설함이, 미묘하고 광대하며 자비롭고 어질고 겸허하며 뜻이 온화하여 능히 깨달음에 이르렀나이다."

지적보살이 말하였다.

"내가 석가 여래를 뵈옵건대, 헤아릴 수 없는 겁에 난행과 고행으로 공을 쌓고 덕을 쌓아 보살도를 구하시되 일찍이 쉬는 일 없으신지라, 삼천대천세계를 볼때 겨자씨 만한 곳이라

도 이 보살이 몸과 목숨을 바치지 아니한 곳
이 없으니, 이것은 중생을 위하기 때문이라.
그런 뒤에 깨달음의 길을 이루셨거늘, 이 용
녀가 잠깐 사이에 바른 깨달음을 이루었다는
것은 믿어지지 않나이다."
말이 끝나기도 전에 용왕의 딸이 문득 앞에
나타나 머리 숙여 경례를 하고 한쪽으로 물러
나서 게송으로 찬탄하였다.

　　　죄와 복을 통달하여　　시방에 두루 비추어
　　　미묘한 청정법신　　　삼십이상 갖췄으며
　　　팔십의 좋은 상호로　　법신을 장엄하니
　　　하늘 사람 우러러보고　용과 귀신 공경하며
　　　모든 세간 중생들이　　한결같은 마음으로
　　　미묘하고 높은 이를　　정성으로 받드나니
　　　깨달음을 이루는 일　　부처님만 아시리라.
　　　나도 대승법을 펴서　　고뇌 중생 제도하리.
이때 사리불이 용녀에게 말씀하셨다.

"그대가 오래지도 않은 사이에 위없는 도를 얻었다고 함은 믿기 어렵도다. 여자의 몸은 때묻고 더러워서 법의 그릇이 아니거늘, 어떻게 위없는 깨달음을 얻으리요. 부처님 되는 길은 멀고 멀어서 헤아릴 수 없는 겁이 지나도록 수행을 쌓고 모든 바라밀을 다 갖추고 닦고서야 이루어지는 것이요, 또 여자의 몸에는 다섯 가지 장애가 있으니, 첫째 범천왕이 되지 못하고, 둘째 제석천왕이 되지 못하며, 셋째 마왕이 되지 못하고, 넷째 전륜성왕이 되지 못하며, 다섯째 부처가 되지 못하거늘 어떻게 여자의 몸으로 빨리 성불한다 하느냐?"

이때, 용녀에게 한 보배구슬이 있으니 값이 삼천대천세계와 같았다. 그것을 부처님께 바치니 부처님께서 곧 이를 받으시므로 용녀가 지적보살과 존자 사리불에게 말하였다.

"내가 바친 보배구슬을 세존께서 받으시니, 이 일이 빠르옵니까, 빠르지 않습니까?"

이에 대답하기를 "매우 빠르느니라." 하였다.

용녀가 말하였다.

"당신들의 신통력으로 나의 성불하는 것을 보십시오. 그보다 더 빠를 것입니다."

그때 모인 대중이 다 용녀를 보니, 잠깐 사이에 남자의 몸으로 바꾸어 보살행을 갖추고 곧 남방의 청정 세계에 가서 보배 연꽃에 앉아 바른 깨달음을 이루니 삼십이상이요, 여든 가지 좋은 모양을 갖추어 널리 시방의 모든 중생을 위하여 묘법을 연설하고 있었다.

이때, 사바세계의 보살·성문·천·용·팔부·사람인 듯 아닌 듯한 무리들이 멀리서 용녀가 성불하여, 그때 모인 사람·하늘을 위해 설법하는 것을 보고 마음이 크게 기뻐서 멀리서 바라보고 예경하였다.

헤아릴 수 없는 중생들이 법을 듣고 깨달아 물러나지 않는 경지를 얻으며, 도의 수기를 받으니, 청정한 세계는 여섯 번 떨리어 움직이고, 사바세계 삼천 대중은 물러나지 않는 지위에 머무르며, 삼천 대중은 깨달으려는 마음을 일으키고 수기를 얻었으며, 지적보살과 사리불과 모인 모든 대중은 잠자코 믿고 받아들였다.

# 13. 권지품

이때, 약왕보살마하살과 대요설보살마하살이 이만 보살 권속과 함께 부처님 앞에서 이러한 맹세를 하였다.

"바라옵건대, 세존이시여. 염려하지 마시옵소서. 저희들이 부처님 멸도하신 뒤에 이 경전을 받들어 지니고 읽고 외우며 설하겠습니다. 미래에 악한 세상의 중생들은 선근이 점점 적어지고 뛰어난 체하는 마음이 많으며 공양의 이익을 탐하여 착하지 못한 뿌리가 점점 늘어 해탈을 외면하여 비록 교화하기 어렵사오나, 저희들이 큰 인욕과 힘을 일으켜서 이 경을 독송하며 지니고 설하여 베껴 쓰게 하고 갖가지로 공양하되 몸과 목숨을 아끼지 않겠습니다."

이때, 대중 가운데에 수기를 얻은 오백 아라한이 부처님께 말하였다.

"세존이시여, 저희들도 서원하옵니다. 다른 국토에서 이 경을 널리 설하겠습니다."

아직 배우는 이와 다 배운 이 팔천 인으로 수기를 받은 이들도 자리에서 일어나 합장하고 부처님을 향하여 이 같이 맹세하였다.

"세존이시여, 저희들도 또한 다른 국토에 가서 이 경전을 널리 설하겠습니다. 이 사바세계의 사람들은 악하고 뛰어난 체하는 마음만 품어서 공덕이 엷어 성 잘 내고 흐리며 아첨 잘하며 마음이 성실하지 못하기 때문입니다."

이때, 부처님의 이모 마하파사파제 비구니는 아직 배우는 이와 다 배운 비구니 육천 사람과 함께 자리에서 일어나 한마음으로 합장하고 존안을 우러러 눈을 잠깐도 떼지 않았다.

이때, 세존께서 교담미에게 말씀하셨다.

"그대는 어찌하여 근심스런 빛으로 여래를 보느냐. 그대의 마음에 생각하기를 내가 그대의 이름을 불러 위없이 높고 바른 깨달음의 수기를 주지 않는다고 걱정하느냐.

교담미여, 내가 모든 성문에게 다 수기를 설하였으니, 지금 그대가 수기를 원한다면, 장차 오는 세상에 육만팔천억 모든 부처님 법 가운데 대법사가 될 것이며, 육천 명의 배우는 이와 다 배운 비구니도 함께 법사가 될 것임을 알아라. 그대가 이와 같이 점점 보살도를 다 갖추어 성불하리니, 그 이름은 일체중생희견여래·응공·정변지·명행족·선서·세간해·무상사·조어장부·천인사·불세존이라.

교담미여, 이 모든 일체중생희견불과 육천보살이 차례로 수기하여 위없이 높고 바른 깨달음을 얻게 되느니라."

이때, 라후라의 어머니인 야수다라 비구니가 생각하기를,

'세존께서 수기하시는 중에 왜 내 이름만 말씀하시지 않으시는가.' 하니,

부처님께서 야수다라에게 말씀하셨다.

"그대는 다가올 세상에 백천만억 모든 불법 중에 보살행을 닦아 대법사가 되고, 점점 부처님 도를 갖추어 좋은 국토에서 성불하니, 이름은 구족천만광상여래·응공·정변지·명행족·선서·세간해·무상사·조어장부·천인사·불세존이며, 부처님 목숨은 헤아릴 수 없는 아승지겁이니라."

이때, 마하파사파제 비구니와 야수다라 비구니와 그 권속이 크게 기뻐하며 일찍이 없던 것을 얻고 곧 부처님 앞에서 게송으로 말하였다.

세존이신 도사께서 　 많은 중생 보호하니

저희들도 수기를 받아 모두 편안하옵니다.

여러 비구니는 이 게송을 설해 마치고 부처님께 말하였다.

"세존이시여, 저희들도 다른 국토에 가서 이 경전을 널리 설하겠습니다."

이때, 세존께서 팔십만억 나유타의 많은 보살 마하살들을 보시니, 모든 보살이 다 아비발치로써 물러나지 않는 진리의 바퀴를 굴리며 여러 가지 다라니를 얻은 바, 곧 자리에서 일어나 부처님 앞에 이르러 한마음으로 손을 모으고 이렇게 생각하였다.

'만일 세존께서 우리들에게 이 경을 지니고 설하라 분부하시면 마땅히 부처님의 가르침과 같이 이 경을 널리 선포하리라.'

또한 생각하기를,

'부처님께서는 침묵하시며 분부가 없으시니, 우리는 어찌해야 좋은가.' 하였다.

이때, 여러 보살이 부처님 뜻을 공경하고 순종하며 스스로 본래의 원을 만족시키려고 부처님 앞에서 사자후로 서원을 하였다.

"세존이시여, 저희들도 여래께서 멸도하신 뒤에 시방세계를 두루 다니면서 중생들로 하여금 이 경을 쓰게 하고 받아 지니며 읽고 외워 그 뜻을 해설하고 법과 같이 수행하여 바르게 생각하며 기억하게 하겠사오니, 이것은 다 부처님의 위신력이옵니다. 바라옵건대, 세존께서는 다른 나라에 계실지라도 멀리서 보시고 수호해 주소서."

즉시 여러 보살이 다 함께 소리 내어 게송으로 말하였다.

염려하지 마옵소서.　　부처 멸도 하신 뒤에
공포의 악한 세상에　　저희들이 설하리다.
어리석은 여러 중생　　나쁜 말로 욕을 하고
칼과 막대로 치더라도　　저희들은 참으리다.
악한 세상의 비구는　　삿된 지혜 마음 굽어
못 얻고도 얻었다고　　아만심이 충만하네.
고요한 데 있으면서　　누더기옷 걸쳐 입고

참된 도를 행한다며 　다른 인간 경멸하고

이익만을 탐착하며 　속인 위해 설법하고

세상에서 받는 공경 　육신통의 나한 같네.

이런 사람 악심 품어 　세속 일만 생각하고

아련야라 이름하여 　남의 허물 끌어내며

이런 일만 하나이다. 　저기 여러 비구들은

이익에만 얽매여 　외도를 논설하며

스스로 경전 지어 　세상 인간 현혹하며

이름 명예 구하려고 　이 경전을 해설하며

대중 속에 있으면서 　우리들을 비방하려

국왕과 여러 대신 　바라문과 거사들과

다른 비구 대중들께 　우리를 비방하는 말

저들은 삿된 인간들 　외도를 설한다 해도

우리는 부처 공경해 　이런 악을 다 참으리.

그들 함부로 말하되 　그대들이 다 부처다

경만하게 빈정대도 　싫다 않고 참으리라.

흐린 겁의 악한 세상 　두려움과 공포 많아

악한 귀신 몸에 들어 　꾸짖고 욕하여도

부처님 믿는 우리들 　인욕의 갑옷을 입고

이 경을 설하기 위해 　어려운 일 다 참으며

신명을 돌보지 않고 　위없는 도 구하여서

앞으로 오는 세상에 　부처님 법 보호하리.

세존께선 아시리라. 　흐린 세상 악한 비구

부처님 방편 따라서 　설법함을 제 모르고

입 사납게 빈축하며 　우리들을 사원에서

멀리멀리 내쫓아도 　이러한 모든 고통

부처님을 생각하고 　모두 다 참겠습니다.

촌락이나 도시에서 　법 구하는 이 있으면

저희들이 찾아가서 　부촉하신 법 설하는

우리는 세존의 사자 　두려움이 하나 없이

설법을 잘 하겠으니 　원컨대 안심하소서.

시방의 여러 부처님 　세존 앞에 제가 나와

이런 맹세 하옵나니 　저희 마음 아옵소서.

# 14. 안락행품

이때, 문수사리법왕자 보살마하살이 부처님께 말하였다.

"세존이시여, 저희 여러 보살은 《법화경》이 매우 어렵습니다. 부처님을 공경하고 순종하는 까닭에 큰 서원을 일으켜 미래의 악한 세상에서 이 《법화경》을 보호하여 지니며 읽고 해설하려 하옵니다.

세존이시여, 보살마하살은 미래의 악한 세상에서 어떻게 이 경을 설해야 하옵니까?"

부처님께서 문수사리에게 말씀하셨다.

"만일 보살마하살이 미래의 악한 세상에서 이 경을 설하고자 할 때는 네 가지 법에 편안히 머물러야 하니, 첫째는 보살의 행처와 친근처에 머무르며 중생을 위하여 이 경을 연설하라.

문수사리여, 무엇을 보살마하살의 행처라 하는가. 만일 보살마하살이 인욕의 경지에 머물러, 부드럽고 화평하고 착하고 순하여 포악하지 아니하고 마음에 놀라지 말 것이며, 다시 대상에 집착하지 않으며, 온갖 사물의 여실한 모습을 관찰하되 또한 얽매이지 않고 분별하지 않으면 이것이 보살마하살의 행할 바이니라.

무엇을 보살마하살의 친근처라 하는가.

보살마하살은 국왕·왕자·대신·관리를 친근하지 말며, 모든 외도·범지·니건자들과 세속의 글을 짓고 외서를 읊조리는 이와 노가야타·역노가야타를 친근하지 말며, 또 모든 흉측한 놀이, 서로 치고 씨름하는 것과 나라연의 갖가지 유희 등에 친근하지 말며, 또 전다라와 돼지·양·닭·개를 기르는 이와 사냥하고 고기 잡는 나쁜 짓하는 이들을 친근하지 말지니라.

이러한 사람들이 혹 찾아오거든, 그들을 위해 법을 설하되 바라는 바가 없어야 하며, 또 성문을 구하는 비구·비구니·우바새·우바이를 친근하지 말며, 또한 방문하지도 말며, 만약 방 안에서나 경행하는 곳에서나 강당에 있을 때나 함께 머물지 말 것이니, 혹 찾아오거든 적당하게 법을 설하여 줄 뿐 구하는 바가 없어야 하느니라.

문수사리여, 보살마하살은 여인의 몸에 애욕을 일으키는 생각을 내어 설법하지 말고, 즐겨 보지 말며, 만약 남의 집에 들어가더라도 소녀·처녀·과부와는 더불어 말하지 말며, 또 다섯 종류의 불완전한 남자를 가까이하여 친하지 말며, 혼자서 남의 집에 들어가지 말며, 만일 인연이 있어 홀로 들어가야 할 경우에는 한마음으로 염불해야 하느니라.

만약 여인을 위하여 설법하게 되거든 치아를 드러내 웃지 말고 가슴을 나타내 보이지 말라. 법을 위해서도 깊이 친하지 말라 하였거늘, 하물며 다른 일에야 말할 것이 있겠느냐. 나이 어린 제자와 사미와 어린아이 기르기를 좋아하지 말고, 또한 함께 한 스승 섬기기를 즐겨하지 말며, 항상 좌선을 좋아하되 한적한 곳에 있어 그 마음을 거두어 흩어지지 않게 하라. 문수사리여, 이를 일러 첫째 친근처라 하느니라.

또 보살마하살은 모든 법이 빈 것을 참모습과 같이 살펴보아, 뒤바뀌지 않으며 흔들리지 않고 물러서지 않으며 옮아가지 않느니라.

허공과 같아서 존재성이 없으며, 모든 말할 길이 끊어져 생기지 않고 나오지도 않고, 일어나지도 않으며, 이름도 없고, 모양도 없어서 실로 가짐이 없고, 헤아릴 수 없고, 끝이 없고, 걸림도 없고, 막힘도 없건만, 다만 인연에 의해서 있게 되며 거꾸로 된 생각에서 생기는 것을 설하나니, 항상 이 같은 법상을 즐겨 관하라. 이것이 보살마하살의 둘째 친근처니라."

그때, 세존께서 이 뜻을 펴시려고 게송으로 말씀하셨다.

| | |
|---|---|
| 만일 어떤 보살이 | 오는 악한 세상에서 |
| 두려움 없는 맘으로 | 이 경전을 설하려면 |
| 보살로서 행할 곳과 | 친근한 데 들지니 |
| 국왕이나 왕자들과 | 큰 신하와 고관 대작 |
| 흉한 장난 하는 이와 | 전다리와 외도 범지 |
| 이와 같이 속된 것들 | 항상 그를 멀리하며 |
| 아상 많은 인간이나 | 소승에만 탐착하는 |
| 삼장의 학자들과도 | 친근하지 말 것이며 |
| 계를 파한 비구나 | 이름뿐인 아라한들 |
| 그 모든 비구니로서 | 잘 웃으며 희롱하며 |

오욕락에 탐착한 채 　 열반 도를 구하려는

어리석은 우바이도 　 친근하지 말지니라.

만일 이런 사람들이 　 좋은 마음으로 와서

보살 처소에 이르러 　 부처님의 도 묻거든

중생들을 구하려는 　 두려움 없는 마음으로

바라는 것 하나 없이 　 그를 위해 법 설하라.

과부거나 처녀거나 　 남자답지 못한 것도

가까이 하지 말고 　 깊은 정을 주지 말며

짐승들을 죽이고 　 사냥하고 고기 잡아

죽임으로 이익 보는 　 그런 이를 친근 말며

고기 팔아 살아가고 　 여색 팔아 살아가는

이러한 모든 사람들 　 가까이 하지 말라.

흉악하게 서로 치고 　 희롱하여 노는 이와

음탕한 그 여자들 　 모두 친근하지 말며,

으슥한 곳에서 　 여인 위해 설법 말고

만일 설법 하려거든 　 희롱하여 웃지 말며

마을에서 걸식할 때 　 한 비구와 같이 하고

만일 홀로 갈지라도　　한마음으로 염불하며,

이러한 모든 일들　　행할 곳과 친근할 곳

이 두 곳에 머물러서　　편안하게 설하여라.

상 중 하의 여러 법과　　유위 무위 분별 말고

참되거나 거짓된 법　　또한 그 법 행치 말며

남자이건 여자이건　　모든 법 얻었다 말고

아는 체도 하지 말며　　또한 분별하지 말고

이 같은 모든 행이　　보살들의 행함일세.

일체의 온갖 법들　　본래부터 빈 것이라

일어남도 없지만은　　멸하지도 아니하니

지혜 있는 모든 이들　　친근처라 하느니라.

여러 법이 있다 없다　　또는 진실 아니라며

생과 멸을 따지는 건　　전도된 분별이니

고요한 데 있으면서　　마음을 잘 다스리고

편안하게 머무르되　　수미산과 같이 하라.

온갖 모든 법들　　본래부터 없는 지라

빈 허공과 같으므로　　견고함이 없으며

옴도 없고 감도 없어    부동하고 불퇴하여

한 모양에 머무르니    그곳 바로 친근할 곳

만일 어떤 비구 있어    내가 멸도한 뒤에

행할 곳, 친근할 곳    부지런히 잘 들어서

이 경전 설할 때는    두려움이 없느니라.

보살이 수행할 때    고요한 방 들어가서

곧고 바른 생각으로    뜻을 따라 법을 보고

선정에서 일어나면    나라 왕과 여러 왕자

여러 신하와 백성    바라문들을 위하여

이 경전을 설해주며    법을 열어 교화하면

그 마음이 안온하여    두려움이 없느니라.

문수사리 보살이여    이를 일러 하는 말

모든 보살 법 가운데    편안히 머무를 곳

이런 곳에 잘 들어서    뒤에 오는 뒷세상

미묘한 《법화경》을    능히 넓게 설하리라.

"또 문수사리여, 여래가 멸도한 뒤 말법시대

에 이 경을 설하고자 할진대 안락행에 머물러

야 하느니라.

혹은 입으로 설할 때나 경을 읽을 때에 남의 허물과 경전의 허물을 즐겨 말하지 말고, 법사들을 가벼이 하여 업신여기지 말며, 남의 좋고 나쁜 장단점을 말하지 말라.

성문들에 대해서도 이름을 들어 그 허물을 말하지 말고, 이름을 들어 좋은 점을 찬탄하지도 말며, 원망하고 싫어하는 마음도 내지 말라.

이 같은 안락한 마음을 잘 닦음으로써 설법을 듣는 모든 이가 그 뜻을 거스르지 않을 것이며, 어려운 질문을 받더라도 소승법으로 답하지 말고, 대승법으로 해설하여 그들로 하여금 일체종지를 얻게 하여라."

이때, 세존께서 이 뜻을 펴시려고 게송으로 말씀하셨다.

> 보살들은 항상 즐겨　　안온하게 설법하되
> 맑고도 깨끗한 땅　　법 자리에 앉으시어

기름을 몸에 발라       먼지와 때를 씻고

청정한 새 옷 입어       안과 밖을 맑게 하고

사자좌에 편히 앉아       묻는 대로 설법하며

만일 어떤 비구       비구니와 우바새

우바이와 국왕들과       왕자들과 여러 신하

백성들에 미묘한 뜻       부드럽게 설해주며

어려운 뜻 물어와도       뜻을 따라 설법하되

인연이나 비유들로       분별하고 연설하여

이와 같은 방편으로       모두 발심하게 하여

이익이 점점 많아       부처님 도 듣게 하며

게으르게 하는 일       게으름을 못 피우게

근심 걱정 덜어주고       자비로운 마음으로

위없는 가르침을       밤낮으로 설법하며

여러 가지 인연들과       셀 수 없는 비유들로

중생들께 열어 보여       기쁘도록 하여주며

의복이나 이불 좌복       음식들과 의약들의

그 가운데 하나라도       바라지 말 것이며

한마음으로 생각하되   설법하는 인연으로

부처님도 이룩하고   중생들도 성불하면

이런 것이 큰 이익   안락한 공양이니라.

내가 멸도한 뒤에   만일 어떤 비구 있어

이《묘법연화경》을   중생 위해 설법하면

질투와 성내는 마음   번뇌 장애 하나 없고

근심 걱정 마찬가지   꾸짖는 이 없으며

두려움도 없어지고   칼이나 막대기로

내쫓는 이 없는 것은   인욕에 머묾이라.

지혜로운 이는 이 같이   마음을 잘 닦고 닦아

안락하게 머물기를   위의 말과 같이 하면

그 사람이 얻는 공덕   천만억의 오랜 겁에

산수로나 비유로도   헤아릴 수 없느니라.

"문수사리여, 보살마하살이 말세에 법이 멸하려 할 때에 이 경전을 받아 지니고 읽고 외우는 이를 질투하고 아첨하고 속이려는 생각을 품지 말며, 또한 불도 배우는 이를 가벼이 여기고 꾸짖어서 그의 장단점을 캐내려고 하지 말라.

비구·비구니·우바새·우바이로서 성문을 구하고 벽지불을 구하며 보살도를 구하는 이들을 괴롭혀 의심하게 하지 말라. 위의 사람들에게 말하되, '그대들은 도에서 매우 멀며, 일체종지를 얻지 못한다. 왜냐하면 그대들은 게으른 사람이라, 도에 방일하기 때문이다.' 하지 말라.

모든 법을 희론하여 다투는 일이 없게 하라.

반드시 모든 중생에게 자비로운 생각을 일으키고 여러 여래에게는 자비로운 아버지라는 생각을 일으키며 보살들에게는 큰 스승이라는 생각을 일으켜야 하느니라.

시방의 여러 대보살에게 항상 깊은 마음으로 공경하고 예경하라.

모든 중생에게 평등한 법을 설하되, 법에 순응하기 위하여 많이 설하지도 말고 적게 설하지도 말며 깊이 법을 사랑하는 사람에게도 또한 많이 설하지 말라.

문수사리여, 이 보살마하살이 말세에 법이 멸하려 할 때 제삼의 안락행을 성취하는 이는, 이 법을 설할 때 번뇌와 어지러운 마음이 없으며, 좋은 도반을 얻어 함께 이 경을 읽고 외우며 또한 대중이 와서 들으리라.

들은 뒤에 능히 지니고, 지닌 뒤에 외우며, 외운 뒤에 설하고, 설한 뒤에 쓰며 또 남을 시켜 쓰게 하여 경전을 공양·공경하고 존중·찬탄하리라."

이때, 세존께서 이 뜻을 펴시려고 게송으로 말씀하셨다.

이 경을 설하려면      성내고 질투하며

아첨하고 거짓된 맘    모두 버려 선행 닦고

남을 경멸하지 말며    법을 희롱하지 말고

의심이 없게 하며      성불을 못 한다 말라.

이 법문을 설하려면    부드럽게 항상 참고

온갖 중생 자비롭게    게으른 맘 없애주며

시방세계 큰 보살들    중생 위해 도 닦으니

공경하는 마음 내어    대법사라 생각하며

부처님과 세존님을    아버지라 생각하여

교만심을 깨뜨리고    장애 없이 설법하네.

셋째 법이 이러하니    지혜로운 이를 수호하며

한마음으로 안락행하면 중생 공경 받느니라.

"문수사리여, 보살마하살이 말세에 법이 멸하려 할 때, 이 《법화경》을 지니는 자는 재가자나 출가자에게 큰 자비심의 마음을 내며, 보살이 아닌 사람에게도 큰 자비심의 마음을 내어, 이렇게 생각하라.

'이런 사람들은 큰 것을 잃었으니, 여래께서 방편으로 근기 따라 설법하심을 듣지도 못하고 알지도 못하며, 깨닫지도 못하고 묻지도 못하며, 믿지도 못하고 이해하지도 못하는구나. 그 사람이 이 경전을 묻고 믿고 이해하지 못할

지라도, 내가 위없이 높고 바른 깨달음을 얻게 될 때는 어디에 있더라도 신통력과 지혜력으로 이 중생들을 이끌어 이 법에 머물게 하리라.'

문수사리여, 이 보살마하살이 여래가 멸도한 뒤에 이 넷째 법을 성취하는 이는 이 법을 설할 때에 과실이 없을 것이니라.

항상 비구·비구니·우바새·우바이와 국왕·왕자·대신·국민과 바라문·거사 등이 공양·공경하고 존중·찬탄하며 허공의 모든 하늘이 법을 듣기 위해 항상 모시리라.

만일 마을이나 성읍과 한적한 숲속에 있을 적에 어떤 사람이 찾아와 어려운 질문을 하더라도 모든 하늘이 주야로 항상 법을 보호하니, 이를 호위하여 듣는 이를 다 기쁘게 해주리라.

왜냐하면 이 경은 모든 과거·미래·현재의 여러 부처님이 신통력으로 보호하기 때문이니라.

문수사리여, 이 《법화경》은 헤아릴 수 없는

나라에서 이름조차 듣지 못하는데, 얻어 보고
받아 지니며 읽고 외우는 공덕을 말할 수 있
겠느냐.
문수사리여, 비유컨대 강력한 전륜성왕이 힘
으로 여러 나라의 항복을 받고자 하나 작은
나라 왕들이 순종하지 아니하므로, 전륜성왕
이 많은 군사를 일으켜 토벌함과 같느니라.
왕이 군사들 중에 싸움의 공이 있는 이를 보
고 크게 기뻐하며, 공에 따라 상을 주나니,
혹은 논밭·집·마을·고을을 주기도 하고,
의복·장신구를 주기도 하며, 갖가지 진귀한
보물인 금·은·유리·자거·마노·산호·
호박과 코끼리·말·수레·노비·백성을 주
기도 하지만, 오직 상투 속에 있는 밝은 구슬
만은 주지 않으니 이는 오직 왕의 정수리에만
이 구슬이 하나 있을 뿐이라, 만일 이것을 주
면 왕의 모든 권속이 반드시 놀라고 이상하게

여기기 때문이니라.

문수사리여, 여래도 또한 이와 같이 선정과 지혜력으로 진리의 국토를 얻어 삼계의 왕이 되었으나, 모든 마왕이 항복하지 않으므로, 여래의 모든 성현 장수가 이들과 함께 싸우니, 공이 있는 이를 보고 마음이 기뻐하여 사부대중 가운데서 여러 경전을 설하여 마음을 기쁘게 하고, 선정·해탈과 무루의 육근·십력 등 온갖 법의 재물을 주고 또 열반을 주기도 하고 멸도를 얻게 하며, 그 마음을 인도하여 그들로 하여금 다 기쁘게 하되, 이 《법화경》만은 설하지 않았노라.

문수사리여, 전륜성왕이 군사들 중에 큰 공이 있는 이를 보고 마음이 매우 기뻐서 믿기 어려운 구슬을 상투에 간직하여 다른 이에게 보여주지 않던 것을 이제 주는 것과 같으니, 여래도 또한 이와 같아서 삼계 중의 대법왕이 되어 법으로써 온갖 중생을 교화하되, 성현의 군사들이 오음마·번뇌마·사마와 싸워 삼독을 멸하고 큰 공훈을 세워 삼계에서 벗어나 마의 그물이 찢어짐을 보았나니, 이때 여래께서 크게 기뻐하여 중생들을 모든 지혜에 이르게 하건만, 모든 세간에서 원망이 많고 믿기 어려워, 일찍이 설하지 않았던 이 《법화경》을 비로소 설하느니라.

문수사리여, 이 《법화경》은 여러 여래의 으뜸가는 설법이라. 여러 설법 가운데에 가장 깊은 법이어서 끝으로 설해주니 저 강력한 왕이 오래도록 간직했던 밝은 구슬을 이제야 주는 것과 같느니라.

문수사리여, 이 《법화경》은 여러 부처님의 비밀의 법장으로 모든 경전 가운데에 가장 위에 있으되, 오랜 세월 보호하며 함부로 설하지 않았으니, 오늘에야 그대들에게 이를 설하노라."

이때, 세존께서 이 뜻을 펴시려고 게송으로 말씀하셨다.

항상 인욕 행하고 　모든 중생 연민하여
부처님이 찬탄하신 　이 경전을 설법하라.
오는 세상 말법시대 　이 경전을 가진 이는
재가자나 출가자나 　보살들이 아니라도
자비심을 내게 한다. 　많은 중생 이 경전을
듣지 않고 믿지 못해 　큰 이익을 잃지만
내가 불도 이루어서 　여러 가지 방편으로
이 경전을 설법하여 　법 가운데 있게 하리.
비유하면 힘이 강한 　전륜성왕 신하들이
싸움에서 공 있는 자 　여러 가지 상을 주되
코끼리 말 수레 등과 　몸에 걸친 장신구와
많은 논밭 집들이며 　촌락 성읍 떼어주고
혹은 입을 옷가지와 　여러 가지 귀한 보배
노비들과 재물들을 　주면서 기쁘게 하고
용맹하게 잘 싸우며 　어려운 일 능히 하면

머릿속에 감춘 구슬      풀어내어 주시듯이.

여래 또한 이와 같이      여러 세계 법왕되어

인욕 정진하는 힘과      지혜스런 보장 있어

대자대비 마음으로      세상을 교화하시네.

온갖 모든 중생들이      여러 고통 받으면서

해탈법을 구하려고      마군과 싸우나니

이런 중생 위하느라      갖가지 법 설하며

큰 방편력을 잘 써서      여러 경을 설해주며

중생들이 힘 얻는 것      여래께서 아시고는

나중에야 그를 위해      《법화경》을 설하시니

전륜성왕 머리 풀어      밝은 구슬 줌과 같네.

이 경은 존귀하여      경전 중에 으뜸이라

내가 항상 수호하여      열어 뵈지 않았으나

지금은 때가 되어      너희에게 설하노니

내가 멸도한 뒤에      부처님 도 구하는 이

편안하게 이 경전을      연설하고자 하거든

이와 같은 네 가지 법      반드시 가까이 하라.

| | |
|---|---|
| 이 경전을 읽는 이는 | 항상 번뇌 망상 없고 |
| 병과 고통 하나 없이 | 얼굴 빛이 아름답네. |
| 이런 사람 비천하고 | 빈궁하게 나지 않고 |
| 중생들이 즐겨 보되 | 어진 성인 보듯 하며 |
| 하늘과 여러 동자들 | 모시고 또 모시오니 |
| 칼 막대로 못 해치고 | 독약으로 못 죽이며 |
| 이 사람을 욕설하면 | 욕한 입이 막히리라. |
| 두려움이 없기로는 | 사자왕과 같으며 |
| 지혜의 밝은 큰 빛 | 해가 비춤 같노라. |
| 혹은 꿈속에서 | 미묘한 일 보더라도 |
| 모든 여래들께서 | 사자좌에 앉으시어 |
| 비구 대중 둘러싸여 | 설법하심 보오며 |
| 항하 모래 같은 수의 | 용과 귀신 아수라들 |
| 그 모두가 한마음으로 | 공경하고 합장하며 |
| 자기 자신 모습과 | 설법함도 또한 보며 |
| 여러 부처님을 보며 | 그 몸 금색광명이라. |
| 셀 수없는 큰 빛 놓아 | 모든 것을 다 비추며 |

맑은 음성 법음으로　　모든 법을 설하시네.

부처님 사부중 위해　　위없는 법 설할 적에

자기 몸 그곳에 있어　　한마음으로 합장하며

법을 듣고 기뻐하여　　부처님께 공양하며

다라니를 얻어 받고　　불퇴지를 증득하니

부처님 그 맘 헤아려　　깊고 묘한 부처 도를

오는 세상 수기 얻어　　무상 정각 이루리라.

이 경 지닌 선남자는　　앞으로 오는 세상

셀 수 없이 광대하며　　부처님 큰 도 얻고

그 국토는 청정하여　　비유 없이 광대하며

사부대중 합장하여　　그 불법을 들으리라.

스스로 자신들이　　숲속에 들어 가서

좋은 법을 닦고 익혀　　참모습 증득하며

선정에 깊이 들어　　시방 계신 부처 보네.

부처님 몸 금색이요　　백복으로 장엄되어

법을 듣고 대중 위해　　설법하는 꿈이 있네.

꿈속에도 국왕되어　　큰 궁전과 권속들과

오욕락을 다 버리고    불도량을 찾아가서

보리수 그늘 아래    사자좌에 높이 앉아

칠 일간을 지나면서    불지혜를 모두 얻고

위없는 도 이루고    법륜을 잘 굴리면

사부대중 위하여    천만억 겁 지나도록

무루 묘법 설하여서    무량 중생 제도하고

최후 열반 들 적에는    등불 연기 다 꺼지고

뒤에 오는 악한 세상    《법화경》을 설하면은

이런 사람 얻는 이익    공덕 또한 위 같노라.

# 15. 종지용출품

이때, 다른 나라에서 온 여러 보살마하살이 여덟 항하의 모래 수보다 더 많더니, 대중 가운데서 일어나 합장 예배하고 부처님께 여쭈었다.

"세존이시여, 저희들이 부처님 멸도하신 뒤에 이 사바세계에 있으면서 부지런히 정진하며 이 경전을 수호하여 지니고 읽고 외우며 베껴서 공양할 것을 허락하신다면, 이 국토에서 이를 널리 설하겠습니다."

이때, 부처님께서 보살마하살에게 말씀하셨다.

"그만두어라, 선남자여. 그대들은 이 경을 수호해 지닐 필요가 없느니라. 이 사바세계에는 육만 항하 모래의 수와 같은 보살마하살마다 각기 육만 항하 모래만큼의 권속이 있으니, 이 모든 권속들이 내가 멸도한 뒤에 이 경전을 수호하여 지니며 읽고 외우고 널리 설하기 때문이니라."

부처님께서 이 말씀을 하실 때 사바세계 삼천 대천 국토의 땅이 떨리어 움직이면서 열리더니, 그 속에서 헤아릴 수 없는 천만억 보살마하살이 있어 동시에 솟아올랐다.

이 보살들은 몸이 다 금색으로 삼십이상을 갖추었으며 한량 없는 큰 빛을 지니고 사바세계 아래의 허공 중에 머물러 있던 중, 이 모든 보살이 석가모니 부처님께서 말씀하시는 음성을 듣고 아래로부터 올라온 것이었다.

이 한 분 한 분의 보살은 대중을 인도하는 지도자로서 각각 육만 항하의 모래 수와 같은 권속을 거느리고 있으며, 오만·사만·삼만·이만·일만 항하 모래 수의 권속을 거느린 보살과 한 항하 모래의 수, 반 항하 모래의 수, 사분의 일 내지는 천만억 나유타분의 일이나, 또는 천만억 나유타의 권속과, 또 억

만의 권속을 거느리며, 또 천만·백만 내지는 일만 권속이며 일천·일백 내지 십 권속이며, 다섯·넷·셋·둘·하나의 제자를 거느리고 있었다.

또는 홀몸으로 멀리 떠나 부처님 도를 즐기는 수행자들이 헤아릴 수 없고 가이없어 산수와 비유로는 알 수 없었다.

이 여러 보살이 땅으로부터 올라와, 허공에 솟은 칠보탑에 계신 다보여래와 석가모니 부처님 계신 곳에 나아가서 두 분 세존을 향하여 예배하고, 모든 보배나무 아래 사자좌 위 부처님들 계신 곳에 이르러 예경 드린 뒤, 오른쪽으로 세 번 돌고 합장 공경하며, 여러 보살이 갖가지 찬탄하는 법식대로 찬탄하고 한쪽에 머물러 두 분 세존을 즐거운 마음으로 우러러보았다.

이 모든 보살마하살이 처음 땅에서 솟아올라

와 모든 보살의 갖가지 찬탄하는 법식따라 부처님을 찬탄하니, 이렇게 하는 동안에 오십 소겁이 지났다.

이때, 석가모니 부처님께서 앉아 계셨고, 모든 사부대중들도 다 잠자코 앉아 오십 소겁이 지났지만 부처님 신통력으로 반나절처럼 여기게 하셨다.

이때, 사부대중들은 부처님의 신통력으로, 여러 보살이 헤아릴 수 없는 백천만억 국토의 허공에 가득찼음을 보게 되었다.

이들 보살 가운데 네 분의 도사가 있었으니, 첫째 이름이 상행이요, 둘째 이름이 무변행이요, 셋째 이름이 정행이요, 넷째 이름이 안립행이었다.

이 네 명의 보살들이 대중 가운데 으뜸 가는 지도자로서 대중 앞에서 다 같이 합장하고 석가모니불을 우러러보며 문안을 여쭈었다.

"세존이시여, 병환 없으시고 고뇌 없으시며 안락하게 지내십니까. 제도 받을 자들은 가르침을 잘 받으며, 세존을 피로하게 하지는 않았습니까?"

이때, 사대보살이 게송으로 말하였다.

    세존께서 안락하사    병도 없고 고통 없어
    중생 교화 하시느라    피로함이 없으시며
    또한 여러 중생들이    교화 잘 받아 지녀
    세존의 몸과 마음을    힘드시게 하잖았나이까.

이때, 세존께서 보살 대중들에게 이 같이 말씀하셨다.

"그렇다. 선남자들이여, 여래는 편안하며 병과 고뇌도 없고, 여러 중생들도 제도하기 쉬워서 피로함이 없노라.

이 여러 중생은 세세생생 이래 항상 나의 교화를 받았으며, 또한 과거 여러 부처님을 공경하고 존중하며 모든 선근을 심었기에, 이 많은 중생이 처음 내 몸을 보고 내 설법을 들으며 곧바로 믿고 받아서 여래 지혜에 들어갔으니, 먼저 수행하여 소승 배운 이는 제외되나, 이제야 처음으로 이 경전의 설법을 듣는 자들도 내가 부처의 지혜에 들어가게 하리라."

이때, 큰 보살들이 게송으로 말하였다.

거룩하고 장하신     법의 대웅 세존께서

많은 중생 근기 따라    제도하기 쉽게 하며

매우 깊은 불지혜를    부처님께 묻는 그들

듣고 믿어 행하오니    저희들도 기쁩니다.

이때, 세존께서 대중의 지도자인 큰 보살들을 찬탄하셨다.

"착하고 착하다. 선남자여, 그대들이 능히 여래를 따라서 기뻐하는 마음 일으키는구나."

이때, 미륵보살과 팔천 항하 모래 수의 보살들은 이렇게 생각하였다.

'우리는 예부터 지금까지 이와 같은 대보살

마하살들이 땅에서 솟아나 세존 앞에 머물러
합장하고 공양하며 여래께 문안 인사 여쭙는
것을 보지도 못하였고, 듣지도 못하였노라.'
이때, 미륵보살마하살이 팔천 항하 모래 수의
여러 보살들의 생각하는 바를 아시고, 스스로
도 의심을 풀고자 합장하고 부처님을 향하여
게송으로 여쭈었다.

셀 수 없는 천만억의    여러 대중 보살들은
예전에 못 보던 일    양족존은 설하소서.
어디에서 오셨으며    무슨 인연 모였는가.
큰 몸에 큰 신통력    지혜 또한 부사의며
뜻과 생각 견고하고    인욕하는 힘이 있어
중생들이 즐겨 보니    어디에서 왔나이까.
하나하나 보살들이    거느린 여러 권속
항하의 모래 같아    그 수 헤아릴 수 없네.
혹은 대보살이 있어    육만 항하사 거느려
이렇게 많은 대중    한마음으로 도 구하며

| | |
|---|---|
| 육만 항하 모래 수의 | 여러 큰 대사들 |
| 부처님께 공양하고 | 이 경 받아 지니오며 |
| 오만 항하사 거느린 | 보살 수는 더 많아서 |
| 사만이나 삼만이나 | 이만 내지 일만이며 |
| 일천이나 일백이요 | 내지 일항하 모래 수의 |
| 반 분이나 삼 사분 | 억만 분의 일이오며 |
| 천만의 나유타 수 | 만억의 여러 제자며 |
| 거느린 반 억의 | 그 수보다 더 많고 |
| 백만 내지 일만이며 | 일천 내지 일백 명과 |
| 오십에서 십을 지나 | 셋 둘 하나 거느리며 |
| 권속 없이 홀몸으로 | 다니기를 즐겨하여 |
| 부처 앞에 나온 수도 | 그 수보다 더 많으니 |
| 이와 같이 많은 대중 | 숫자로써 헤아리며 |
| 항하 모래 겁 다해도 | 능히 알지 못하오며 |
| 이와 같이 많은 위덕 | 정진의 보살 대중 |
| 어느 누가 설법하여 | 교화 성취 시켰으며 |
| 누구 따라 발심하고 | 어느 불법 칭찬하며 |

어느 경전 받아 지녀 　 어떤 불도 익혔을까.

이렇게 많은 보살 　 신통력과 큰 지혜로

사방의 땅 진동시켜 　 그 속에서 나왔으니

세존이여 예부터 　 이런 일은 본 적 없어

그들이 오신 국토 　 이름 설해 주옵소서.

여러 국토 다녔으나 　 이 대중은 처음 보며

이들 중의 한 사람도 　 아는 이가 하나 없어

홀연히 솟은 인연 　 원하오니 설하소서.

지금 여기 모인 대중 　 헤아릴 수 없는 백천만억

많고 많은 보살들도 　 모두 알기 원하오니

이 많은 보살 대중 　 본말의 인과 연들

무량 위덕 세존께서 　 오직 설해 주옵소서.

이때, 석가모니 부처님의 분신인 여러 부처님

께서 헤아릴 수 없는 천만억 타방 국토에서

오셔서 팔방의 여러 보배나무 아래 사자좌 위

에 가부좌하고 계시니, 그 부처님의 시자들도

각기 보살 대중과 삼천대천세계의 사방에서

땅으로부터 솟아나 허공에 머묾을 보고 저마다 섬기고 있는 부처님께 여쭈었다.

"세존이시여, 이 여러 헤아릴 수 없고 가이없는 아승지 보살 대중은 어느 곳에서 왔습니까?"

이때, 여러 부처님께서 시자들에게 말씀하셨다.

"선남자들이여, 잠시만 기다려라. 여기 보살 마하살이 있으니, 이름이 미륵이라. 석가모니불께서 수기를 하셨는 바, 다음 세상에 부처님이 되실 미륵보살께서 여쭈었으니 부처님께서 이제 곧 대답함으로써 그대들도 자연히 이 인연을 듣게 되리라."

이때, 석가모니불께서 미륵보살에게 말씀하셨다.

"착하고 착하다, 아일다여. 그대가 나에게 이러한 큰 일을 묻는구나. 그대들은 한마음으로 정진의 갑옷을 입고 견고한 뜻을 일으켜라.

여래는 이제 여러 부처님의 지혜와, 부처님의
자재한 신통의 힘과, 부처님의 사자 분신의
힘과, 부처님의 위엄 있고 용맹한 큰 세력의
힘을 나투어 보이려 하노라."

이때, 세존께서 이 뜻을 펴시려고 게송으로
말씀하셨다.

　　한마음으로 정진하라.　내가 이 일 설하니
　　의심 두지 말아라.　　　부처 지혜 불가사의
　　너는 이제 믿음 내어　　인욕하며 머무르면
　　일찍이 못 듣던 법　　　이제 모두 들으리라.
　　안심토록 해주리니　　　의심하고 두려워 말라.
　　부처 말씀 진실되고　　　지혜 또한 헤아릴 수 없어
　　얻은 바 제일법은　　　　분별하기 어려울 새
　　이제 바로 설하노니　　　너희 모두 잘 들어라.

이때, 세존께서 이 게송을 설하시고 미륵보살
에게 말씀하셨다.

"내 이 대중 가운데서 그대들에게 말하노니

아일다여, 이 헤아릴 수 없고 가이없는 아승
지의 여러 대보살마하살이 땅에서 솟아 나온
일은 그대들이 일찍이 보지 못하던 일이리라.
내가 이 사바세계에서 위없이 높고 바른 깨달
음을 얻고 나서 이 모든 보살을 인도하여, 교
화하고 그 마음을 조복 받아, 도의 뜻을 일으
키게 하였느니라.
이 보살들은 다 이 사바세계 아래의 허공 가운
데에 머물러, 모든 경전을 읽고 외우며 통달하
여 사유하고 분별하며 바르게 기억하였노라.
아일다여, 이 여러 선남자들은 대중 속에 있으
면서 말 많은 것을 좋아하지 아니하고 항상 조
용한 것을 즐기며 부지런히 정진하되, 쉬지 아
니하며 또 사람과 하늘에 의지하여 머물지 않
고, 항상 깊은 지혜를 좋아하여 걸림이 없으며,
또 항상 모든 부처님의 법을 좋아하여 한마음
으로 정진하여 위없는 지혜 구하였노라.”

이때, 세존께서 이 뜻을 펴시려고 게송으로 말씀하셨다.

아일다여, 바로 알라.　이 많은 큰 보살들
수없는 겁 동안에　부처님 지혜 닦아
모두 내가 교화하여　대도의 마음 내었네.
그들은 나의 아들　이 세계에 의지하여
항상 두타행을 하고　고요한 곳 좋아하며
시끄러운 곳 떠나서　많은 설법 하지 않는
이와 같이 많은 아들　나의 도를 배워 익혀
밤낮 없이 정진하며　부처님 도 구하려고
사바세계 아래 있는　허공 중에 있었노라.
뜻과 생각 견고하여　지혜 항상 구하면서
《법화경》을 설법하되　두려움이 없느니라.
가야성 보리수 아래　최정각을 내가 이뤄
무상 법륜 굴리어서　이 모두를 교화하고
도의 마음 처음으로　일으키게 하였더니
불퇴지에 머물러서　성불 모두 얻었노라.

내가 진실 말하노니    한마음으로 신앙하라.
예부터 모든 대중    남김없이 교화했네.

이때 미륵보살마하살과 무수한 보살들이 일찍이 없었던 장엄한 일이라 여겨,

'어떻게 세존께서 이 짧은 시간에 이와 같은 끝이 없고 가이없는 아승지 큰 보살들을 교화하시어 위없이 높고 바른 깨달음에 머물게 하셨을까?'

이렇게 생각하고 곧 부처님께 여쭈었다.

"세존이시여, 여래께서 태자로 계실 때 석씨 궁성을 나오시어 가야성에서 멀지 않은 도량에 앉으사 위없이 높고 바른 깨달음을 이루시고 이로부터 사십여 년이옵니다.

세존이시여, 어찌 이런 짧은 시간에 큰 불사를 지으사 부처님의 세력과 부처님의 공덕으로써 이 같은 큰 보살을 교화하셔서 위없이 높고 바른 깨달음에 이르게 하셨습니까?

세존이시여, 이 큰 보살들은 어떤 사람이 천
만억 겁 동안 헤아린다 해도 다하지를 못하여
그 수를 알 수 없으니, 이들은 아득한 옛적부
터 끝이 없고 가이없는 모든 부처님 계신 곳
에서 온갖 좋은 선근 심어 보살도를 성취하고
항상 범행을 닦았을 것입니다. 세존이시여,
이 같은 일은 세상에서 믿기 어렵습니다.

비유컨대, 어떤 얼굴빛이 아름답고, 머리가
검은 스물다섯 살 되는 이가 백 살 된 노인을
가리키며 '이는 내 아들이다.' 하고, 백 살의
노인도 젊은이를 가리켜 '이는 나의 아버지
며 우리를 낳아 길렀다.' 하면 이 일은 믿기
어렵습니다.

부처님께서도 이와 같아서 도를 얻으신 지 오
래되지 않지만, 이 대중 보살들은 헤아릴 수
없는 백천만억 겁 동안 부처님 도를 위하여
부지런히 정진하고 헤아릴 수 없는 백천만억

삼매에 들고 나며 머물러서 큰 신통을 얻고, 오랫동안 법행을 닦아 차례로 온갖 선법을 익혀 문답에 자유자재하여 사람 중의 보배이니, 온 세상에서 매우 드뭅니다.

오늘 세존께서 말씀하시기를 '부처님이 깨달음을 얻고 나서 그들이 깨달음의 마음을 일으키게 하고 교화 인도하여 위없이 높고 바른 깨달음을 향하게 하였노라.' 하시니 세존께서 성불하심이 오래지 않사온데 어떻게 이 큰 공덕을 지으셨습니까?

저희들은 부처님께서 사람의 경우에 따라 말씀하시므로 그 말씀에 거짓이 없으시며, 부처님께서는 모든 것을 통달하셨음을 믿고 있으나, 새로 발심한 여러 보살들이 부처님 멸도한 뒤에 이 말씀을 들으면 믿지 않고 법을 파괴하는 죄업의 인연이 될 것입니다.

그러하오니 세존이시여, 원컨대 해설하여 저

희들의 의심을 없애 주시고, 오는 세상에 여러 선남자들이 이 말을 듣고 의심내지 않게 하옵소서."

이때, 미륵보살이 이 뜻을 펴려고 게송으로 말하였다.

부처님께서 오랜 옛날  석씨 왕성 출가하여

가야성 가까운 곳  보리수 아래 짧은 세월

교화한 여러 불자  그 수를 헤아릴 수 없어

불도 오래 행한 그들  신통력에 머무르며

보살도를 잘 배워서  세간 법에 물 안 들어

물속에 핀 연꽃같이  땅에서 솟아나와

공경하는 마음 내어  세존 앞에 있사오니

이런 일은 불가사의  어찌 우리 믿으리까.

부처 득도 최근인데  성취한 일 많으시니

많은 의심 풀어주셔  편안하게 설하소서.

비유하면 스물다섯  나이 젊은 청년인데

흰 머리에 주름 잡힌  백세 노인 가리키며

저 이가 내 아들이라　　아들 또한 애비라니

애비 젊고 자식 늙어　　세상 누가 믿으리까.

세존 또한 이와 같아　　도 이룬 지 가까운데

여기 많은 보살들은　　뜻이 굳고 떳떳하며

셀 수 없는 옛날부터　　보살도를 행하여서

문답에도 교묘하니　　두려운 맘 하나 없고

인욕의 맘 결정되어　　단정하고 위덕 있어

시방 부처 찬탄 받아　　분별하여 잘 설득하며

시끄러운 중생 피해　　선정 항상 즐겨하며

부처님 도 구하려고　　아래 허공 머무름을

저희들은 부처 말씀　　의심 다시 없사오나

미래 중생 위하여서　　이해하게 하옵소서.

《법화경》을 의심하여　　믿지 아니하는 자는

삼악도에 떨어지니　　풀이하여 주옵소서.

그토록 짧은 세월　　셀 수 없이 많은 보살

어떻게 교화하여　　물러남 없게 하나이까.

# 16. 여래수량품

그때 부처님께서 여러 보살과 여러 대중에게 말씀하셨다.

"선남자들이여, 그대들은 여래의 참다운 진리를 믿고 이해하라."

다시 여러 대중에게 말씀하셨다.

"그대들은 여래의 참다운 진리를 믿고 이해하라."

또 다시 대중들에게 말씀하셨다.

"그대들은 여래의 참다운 진리를 믿고 이해하라."

이때, 보살 대중 가운데 미륵보살이 우두머리가 되어 합장하고 부처님께 여쭈었다.

"세존이시여, 원하옵나니 이를 설하여 주옵소서. 저희들이 부처님 말씀을 믿고 받들겠습니다."

이렇게 세 번 여쭈고 다시 말하였다.

"원하옵건대 이를 설하소서. 저희들이 부처님 말씀을 믿고 받들겠습니다."

이때, 세존께서는 여러 보살이 세 번이나 청하여 그치지 않음을 아시고 말씀하셨다.

"그대들은 여래의 비밀한 신통력에 대해 자세히 들어라.

모든 세간의 하늘과 사람과 아수라 등은 생각하기를 '지금의 석가모니불은 석씨 궁을 나와 가야성 가까운 도량에 앉으사 위없이 높고 바른 깨달음을 얻었다.' 하느니라.

하지만 선남자들이여, 내가 성불한 지는 헤아릴 수 없고 가이없는 백천만억 나유타 겁 전이니라.

비유하면 오백천만억 나유타 아승지 삼천대천세계를 어떤 사람이 부수어 작은 티끌을 만들어 동방으로 오백천만억 나유타 아승지의

세계를 지나서 티끌 하나를 떨어뜨리며, 이

같이 하여 동으로 자꾸 가서 이 티끌들을 다

떨어뜨렸다면, 선남자들이여, 이 모든 세계를

생각하고 헤아려서 그 수를 알 수 있겠는가,

없겠는가."

미륵보살 등이 부처님께 여쭈었다.

"세존이시여, 그 모든 세계는 헤아릴 수 없고

가이없는 산수로 알 바가 아니며, 마음으로 미

칠 바가 아니오니, 여러 성문 벽지불이 셈이

없는 지혜로 생각해도 그 한계를 모를 것이며

저희들이 물러남이 없는 자리에 있다 해도 그

세계는 알지 못하니, 세존이시여, 그 같은 모

든 세계는 끝이 없고 가이없을 뿐입니다."

이때, 부처님이 대보살들에게 말씀하셨다.

"선남자들이여, 이제 분명하게 그대들에게

말하리라. 이 모든 세계에 작은 티끌 떨어진

곳과 떨어지지 아니한 곳을 모두 티끌로 만들

어 티끌 하나를 일 겁으로 친다 해도, 내가 성불한 지는 이보다 백천만억 나유타 아승지 겁 이전이니라.

이로부터 나는 항상 이 사바세계에 있으면서 법을 설해 교화했으며, 또 다른 백천만억 나유타 아승지 국토에서 중생들을 인도하여 이롭게 하였노라.

여러 선남자들이여, 중간에 내가 연등불의 일을 설하였으며 연등부처님께서 열반에 들었다고 말하였으나, 이와 같은 말은 다 방편으로 분별한 것이니라.

선남자들이여, 어떤 중생이 내가 머무르는 곳에 오면 내가 부처님의 눈으로서 그의 몸과 마음과 근기가 날카롭고 우둔함을 보아 제도할 바를 따라, 곳곳에서 이름도 같지 않고 수명도 다르게 설했으며, 또는 열반에 든다 하고 드러내어 말하며, 갖가지 방편으로 미묘한 법을 설하여 중생으로 하여금 기뻐하는 마음을 일으키게 하였느니라.

선남자들이여, 여래는 모든 중생이 소승의 법을 좋아하여, 덕이 적고 번뇌가 많음을 볼 때에는 이 사람에게 보이기 위해 '나는 젊어서 출가하여 위없이 높고 바른 깨달음을 얻었다.' 하였노라.

그러나 내가 실로 깨달음을 얻은 지는 오래되기가 위와 같건만, 다만 방편으로 중생을 교화하여 부처님 도에 들게 하려고 이와 같이 설하였노라.

선남자들이여, 여래가 설한 경전들은 다 중생을 제도하기 위함이니, 자기의 믿지 못함을 보이며, 혹은 다른 이의 믿지 못함을 보이고, 혹은 자기 일을 보이며, 혹은 다른 이의 일을 보이지만, 여러 가지 말은 방편이므로 다 진실하여 거짓이 없노라.

왜냐하면 여래는 욕계·색계·무색계의 모습을 알고 보니, 생사에 물러가고 나음이 없고, 또한 세상에 생하는 것도 멸하는 것도 없어서 진실하지도 않고 허망하지도 않으며, 같지도 않고 다르지도 않으니, 중생이 삼계를 보는 것과 여래가 삼계를 보는 것이 다르기 때문이니라.

이 같은 일을 여래는 밝게 보아 그릇됨이 없으나 여러 중생이 갖가지 성품과 갖가지 욕망과 갖가지 행과 갖가지의 생각과 분별이 있으므로, 모든 선근을 내게 하려고 약간의 인연과 비유와 언사로 여러 가지 설법하며 부처님의 일을 하되 잠깐도 쉰 일이 없었노라.

이와 같이 내가 성불한 지는 매우 오래되어 수명은 헤아릴 수 없는 아승지겁이지만 멸하지 않고 항상 머물러 있었노라.

선남자들이여, 내가 본래 보살의 도를 행하여 이룬 수명이 지금도 다하지 않았으며 다시 위에서 말한 수명의 곱이나 남았느니라.

그러나, 이제 참으로 멸도함이 아니면서도, 곧 말하기를 '열반에 들 것이니라.' 하니, 여래는 이런 방편으로써 중생을 교화하느니라.

이는 부처님이 세상에 오래 머문다고 하면 박덕한 사람들은 선근을 심지 않아 가난하고 하천하며, 오욕에 얽매여 부질없는 억측과 그릇된 소견의 그물에서 벗어나지 못하며, 만약 여래가 항상 머물러 있어 멸도하지 않음을 보게 되면, 곧 교활한 마음을 일으키고 싫증내며 권태로운 생각을 품어, 부처님 만나기 어렵다는 생각과 공경할 마음을 내지 않기 때문이니라.

그러므로, 여래가 방편으로 말하기를,

'비구들이여, 분명히 알라. 모든 부처님께서 세상에 나오심은 만나기가 어려우니라.' 했느니라.

또는 박덕한 사람들은 헤아릴 수 없는 백천만
억 겁을 지나더라도 부처님을 친견하는 이도
있고 혹은 친견하지 못하는 이도 있노라. 이
런 일이 있으므로 내가 말하노라.
'비구들이여, 여래는 가히 만나 뵙기 어려우
니라.'
중생들이 이 같은 말을 들으면 만나기 어렵다
는 생각을 일으켜 마음에 연모하는 생각을 품
고 부처님을 목말라 우러르며 좋은 선근을 심
으니, 이러하므로 여래는 멸도하지 않으나 멸
도한다고 이르노라.
또 선남자들이여, 여러 부처님의 법은 다 이
와 같아서 중생을 제도하기 위함이니, 모두
진실하여 거짓이 없노라.
비유하면, 어떤 의사가 지혜가 뛰어나고 의약
에 달통하여 처방과 약을 잘 다루고 온갖 병
을 잘 치료하였으니, 그에게 자식이 많아서

열, 스물 내지는 백 명이었느니라.

일이 있어 먼 타국에 간 동안에 아들들이 독약을 먹고 약 기운에 답답하고 어지러워 땅에 뒹굴고 있었느니라.

이때, 그 아버지가 집에 돌아오니, 아들들이 독약을 마시고 혹은 본마음을 잃기도 하고, 혹은 잃지 않은 아들도 있어, 멀리서 그 아버지를 보고 모두 기뻐하며 절하고 꿇어 앉아 문안을 여쭈되,

'편안히 잘 돌아오셨습니까. 저희들이 어리석어 잘못 알아 독약을 먹었으니, 바라옵건대 고쳐 주시고 다시 살려주소서.' 하였느니라.

아버지는 아들들의 고통을 진맥하여 보고 여러 가지 처방과 좋은 약초 빛깔과 향과 좋은 맛을 다 갖춘 약을 구해다가 찧고 쳐서 환을 지어 아들들에게 주어 먹게 하며 이렇게 말하였느니라.

'이것은 매우 좋은 약이라, 빛깔과 향과 좋은 맛을 다 갖추었으니 너희들이 먹으면 빨리 고통이 덜어지고 다시 온갖 근심 걱정이 없으리라.'

그 여러 아들 가운데에 본마음을 잃지 않은 아들들은 이 좋은 약이 빛깔과 향이 잘 갖추어져 있음을 보고 먹으니, 병이 다 없어지고 나았으나, 본마음을 잃은 아들들은 아버지가 옴을 보고 기뻐하여 문안을 드리고 병 고쳐주기를 바라기는 했으나, 약을 주어도 먹으려 하지 않으니, 이는 독기가 깊이 들어가 본마음을 잃었으므로 좋은 빛깔과 향의 약을 좋지 않게 여기기 때문이라.

아버지가 생각하기를,

'이 자식들이 가련하다. 독약에 중독되어 마음이 온통 뒤집혀 나를 보고 기뻐하며 고쳐 달라 하면서도 이 같이 좋은 약을 먹지 않으니, 내가 이제 방편을 베풀어서 이 약을 먹게

하리라.' 하고 말하되,

'너희들은 알라. 내가 이제 노쇠해서 죽게 되었으니, 이 좋은 약을 여기 남겨 두니 너희들은 가져다 먹되 낫지 않을까 걱정하지 말라.' 이렇게 타이르고 다른 나라로 가서 사람을 아들들에게 보내어 '너희 아버지는 벌써 돌아가셨다.'고 전하게 하였느니라.

이때, 아들들은 아버지의 세상 떠나심을 듣고 마음에 크게 근심 걱정하면서 생각하기를 '만약 아버지가 계신다면 우리들을 가엾이 여기사 보호하여 주시련만, 이제 우리를 놓아 둔 채 멀리 떨어진 다른 나라에서 돌아가셨으니, 우리는 외롭고 다시 의지할 데가 없도다.' 하고 항상 슬퍼하다가 마침내 정신이 들어 이 약의 빛깔도 향도 맛도 좋은 줄 알고 곧 약을 찾아 먹으니 독한 병이 다 나았느니라.

이에 그 아버지가 아들들이 모두 쾌차했다는

소식을 듣고 다시 돌아와서 아이들로 하여금 보게 하는 것과 같으니라.

선남자들이여, 어떻게 생각하느냐. 만일 어떤 사람이 이 의사가 거짓말을 하였다고 허물을 말할 수 있겠느냐."

"그렇지 않습니다. 세존이시여."

부처님께서 말씀하셨다.

"나도 이와 같이 성불한 지 끝이 없고 가이없는 백천만억 나유타 아승지겁이건만, 중생을 위하는 방편력으로 '멸도하리라.' 말하니 내가 허망한 말을 하였다고 허물 삼을 자는 없으리라."

이때, 세존께서 이 뜻을 펴시려고 게송으로 말씀하셨다.

옛날 내가 성불하여 　지나온 겁 수는

셀 수 없는 백천만억 　아승지가 되지만은

설법으로 셀 수 없는 　만억 중생 교화하여

부처님 도 들게 하여    지금까지 무량한 겁

중생 제도 위하여서    방편 열반 말하지만

실은 멸도하지 않고    항상 이 법을 설하며

항상 이곳에 머물러    여러 가지 신통으로

거꾸로 된 중생에게    보이지 않게 하노라.

중생은 내 멸도 보고    사리에다 공양하며

연모의 정 그리면서    그리운 맘 다시 내며

중생들은 모두 믿고    뜻이 곧고 유연하여

부처 뵙기 원하면서    몸과 목숨을 아끼지 않고

그때에 나와 대중    영취산에 함께 나와

중생들께 말하기를    나는 항상 불멸하여

머물지만 방편으로    멸과 불멸 나투시네.

다른 나라 중생들이    공경하여 믿으면

내가 그 나라에 가서    위없는 법 설하건만

너희들은 듣지 않고    나의 멸도 말만 하네.

내가 보니 여러 중생    고통 속에 빠졌구나.

그러므로 은신하여    그리운 맘 내게 하고

연모의 정 일으키어　　방편으로 설법하나니

신통력이 이와 같이　　아승지의 오랜 겁에

항상 영취산에나　　또는 다른 곳에 있어

중생이 겁 다하여　　업의 큰 불 일어나도

나의 땅은 안온하여　　하늘 사람 그득하고

동산 수풀 여러 집들　　보배로써 장엄되고

보배나무 꽃이 활짝　　중생들이 즐겨 놀며

하늘 나라 북을 쳐서　　여러 기악 연주하고

만다라꽃 꽃비 내려　　대중에게 흩뿌리니

나의 정토 안 헐리나　　중생들은 불에 타서

근심 고통 괴로움이　　그득함을 다 보노라.

죄가 많은 이런 중생　　악한 업의 인연으로

아승지겁 지나도록　　삼보 이름 못 듣나니

여러 공덕 잘 닦아서　　부드럽고 고루 곧은 이

여기 있는 나의 몸이　　설법함을 보게 되니

이런 중생 위하여서　　부처 수명 헤아릴 수 없네.

오랜만에 부처 본 이　　친히 뵙기 어렵다고

나의 지혜 이와 같이    지혜 큰 빛 헤아릴 수 없고
수명 또한 수없는 겁    오래 닦은 업이니라.
너희는 지혜로운 이    의심 내어 품지 말고
죄업 영영 끊어내라.    부처 말씀 진실이다.
의사 좋은 방편으로    미친 자식 구하려고
거짓말로 죽는 일이    허망함이 아닌 듯이
나도 또한 이와 같이    모든 고통 구하려고
뒤바뀐 범부 위해    거짓 멸도 말하였네.
나를 항상 보게 되면    교만한 마음 내고
오욕락에 집착하여    삼악도에 떨어지니
나는 항상 중생 보아    행하는 도 모두 알고
제도할 바 근기따라    갖가지로 설법하며
매양 하는 생각이란    어떻게 저 중생들
위없는 도 들게 하여    성불 빨리 시킬 건가
하나니라.

# 17. 분별공덕품

그때, 부처님께서 말씀하시는 수명의 겁수가 이렇게 긴 것을 듣고 헤아릴 수 없고 그지없는 아승지 중생이 큰 이익을 얻었다.

세존께서 미륵보살마하살에게 말씀하셨다.

"아일다여, 내가 여래의 수명이 끝없음을 설할 때에 육백팔십만억 나유타 항하의 모래 수와 같은 중생들이 모든 것이 나지도 멸하지도 않는 것임을 깨달아 머무르는 무생법인을 얻었으며, 그 천 배의 보살마하살이 들은 것을 잊지 않고 기억하는 문지다라니문을 얻었으며, 또 일세계 미진수 보살마하살이 중생의 소원을 따라 자재하게 법을 설하는 능력인 요설무애변재를 얻었으며, 일세계 미진수 보살마하살이 백천만억 무량의 공의 도리를 깨닫게 하는 선다라니를 얻었으며, 삼천대천세계

미진수 보살마하살은 물러나지 않는 법의 바
퀴를 굴리며, 이천 중국토 미진수 보살마하살
은 청정한 법륜을 굴리며, 소천 국토 미진수
보살마하살은 여덟 생 만에 위없이 높고 바른
깨달음을 얻게 되었으며, 네 사천하 미진수
보살마하살은 네 생 만에 위없이 높고 바른
깨달음을 얻게 되었으며, 세 사천하 미진수
보살마하살은 세 생 만에 위없이 높고 바른
깨달음을 얻게 되었으며, 두 사천하 미진수
보살마하살은 두 생 만에 위없이 높고 바른
깨달음을 얻게 되었으며, 한 사천하 미진수
보살마하살은 한 생 만에 위없이 높고 바른
깨달음을 얻게 되었으며, 팔 세계 미진수 중
생은 다 위없이 높고 바른 깨달음을 일으켰노
라.”

부처님께서 보살마하살들이 큰 법의 이익 얻
음을 설하실 때에 허공에서는 만다라꽃·마

하만다라꽃이 비 오듯 내려 헤아릴 수 없는 백천만억 보배나무 아래 사자좌 위에 앉으신 여러 부처님께 뿌리고 아울러 칠보탑 안의 사자좌 위에 계시는 석가모니 부처님과 오래 전 멸도하신 다보여래께 뿌리며, 여러 큰 보살과 사부대중에게 뿌리며, 고운 가루로 된 전단향과 침수향을 뿌리니, 허공에서 하늘 북이 저절로 울려 아름다운 소리가 깊고 그윽하고, 천 가지의 하늘 옷이 비오듯 내리며, 여러 영락, 진주영락·마니주영락·여의주영락을 드리워 아홉 개의 방위에 가득하며, 온갖 보배 향로에는 값을 매길 수 없는 귀한 향을 사르니 저절로 두루 퍼져 모임에 공양하고, 한 분 한 분의 부처님마다 여러 보살이 일산을 들고 차례로 이어져 범천에 올라가 이 여러 보살은 묘한 음성으로 끝이 없는 게송을 읊어서 여러 부처님을 찬탄하였다.

이때, 미륵보살이 자리에서 일어나 오른 어깨를 드러내고 손 모으며 부처님을 향하여 게송으로 말하였다.

부처님께서 설하신 법　　다시 없이 희유하사
저희들이 옛날에는　　일찍이 못 듣더니
세존의 힘 크시고　　수명 헤아릴 수 없네.
셀 수 없이 많은 제자　　세존께서 분별하니
법의 이익 크게 얻어　　기뻐함이 그득하네.
불퇴지를 얻거나　　다라니를 얻으며
걸림 없는 요설변재　　만억 총지를 얻으며
대천의 많은 세계에　　티끌 같은 보살들은
불퇴전의 큰 법륜을　　능히 모두 굴리면서
다시 중천세계 있어　　티끌 수의 보살들은
청정한 큰 법륜을　　능히 모두 잘 굴리며
또한 소천 세계 있어　　티끌 수의 보살들은
팔생에 머물면서　　부처님 도 이루며
또 다시 넷셋 둘의　　이와 같은 네 천하에

티끌 같이 많은 보살    그 수대로 성불하며

혹은 한 사천하에서    티끌 수의 보살들도

남은 일생 머물면서    모든 지혜 이루노라.

이와 같이 많은 중생    부처 수명 설법 듣고

번뇌 없는 무량 무루    청정 과보 얻었으며

또한 팔세계 미진수    무량무변 중생들이

부처 수명 모두 듣고    위없는 맘 냈습니다.

세존께서 설하신 법    헤아릴 수 없고 알 수 없어

많은 중생 얻은 이익    허공 같이 가이없고

하늘나라 만다라꽃    마하만다라 꽃비를

항하 모래 제석 범천    여러 불국토에서 와

전단 침수 향가루를    분분하게 날리기를

나는 새와 같이 하여    여러 부처 공양하며

허공에는 하늘 북이    묘한 음성 절로 내고

천만 가지 하늘 옷이    선회하며 내려오고

갖가지 보배 향로    값도 모를 향을 피워

두루두루 향기로워    여러 세존 공양하며

그 많은 보살 대중    높고 묘한 만억 가지

칠보로 된 번개 들고    차례차례 범천까지

각각 부처님 전에다    보배 당번 두루 달고

천만 가지 게송으로    여러 찬탄 노래하며

이러한 갖가지 일    전에 없던 것이니라.

부처님 수명 셀 수 없어 듣고 모두 기뻐하며

부처 이름 널리 들려    많은 중생 이익 되니

모든 선근 갖추어서    위없는 맘 도우시네.

이때, 부처님께서 미륵보살마하살에게 말씀하셨다.

"아일다여, 어떤 중생이 부처님의 수명이 이와 같이 길고 오래임을 듣고 한 생각으로 믿고 이해하여 얻는 공덕은 헤아릴 수 없노라.

만약 선남자 선여인이 위없이 높고 바른 깨달음을 얻기 위하여 팔십만억 나유타 겁에 다섯 바라밀인 보시 바라밀·지계 바라밀·인욕 바라밀·정진 바라밀·선정 바라밀을 행하

고, 지혜 바라밀은 제외하나니, 이 공덕을 앞

의 공덕으로 비유하면 백 분·천 분·백천만

억 분의 그 하나에도 미치지 못하며, 내지는

산수 비유로도 알지 못하느니라.

만약 선남자 선여인이 이러한 공덕을 지니고

도 위없이 높고 바른 깨달음에서 물러난다면

그것은 있을 수 없노라.”

그때, 세존께서 이 뜻을 펴시려고 게송으로

말씀하셨다.

만일 어떤 사람들이　　부처 지혜 구할 적에

팔십만억 나유타 겁　　다섯 바라밀을 행하되

많고 많은 겁 동안을　　부처님과 연각 제자

여러 보살 대중에게　　좋은 의복 좋은 음식

아름다운 침구들과　　전단으로 지은 정사

장엄스런 동산들을　　보시하고 공양하며

갖가지 미묘함을　　이와 같이 보시하기

많고 많은 겁을 채워　　불도에 다 회향하고

또 청정한 계율 지녀 　결핍됨이 하나 없이

위없는 도 구하므로 　여러 부처 찬탄 받고

또 인욕을 행하여서 　부드럽게 머무르고

많은 고통 받더라도 　그 마음이 부동하며

여러 법을 얻은 이가 　증상만을 품고 와서

경만하게 빈정대도 　이런 일을 참아내며

부지런히 정진하여 　뜻과 생각 견고하고

셀 수 없는 억 겁 동안 　게을러 쉬지 않으며

수없이 오랜 겁을 　고요한 곳에 살며

혹은 앉고 혹은 서서 　자지 않고 마음 닦은

이런 인연 공덕으로 　여러 선정 생기어서

팔십억만 겁 동안을 　마음 편히 머무르며

이와 같은 복을 지녀 　위없는 도 구하여

모든 지혜를 내가 얻어 　모든 선정 다 하리라.

이와 같이 많은 사람 　백천만억 겁 가운데

행한 여러 공덕 등이 　위에 말함 같으네.

선남자 선여인 　나의 목숨 설함 듣고

한 생각만 믿는다면　이 복, 저 복보다 많아

만일 어떤 사람들이　의심 하나 내지 않고

깊이 잠깐 믿더라도　그 복이 이렇노라.

그렇게 많은 보살들　무량한 겁 도 닦다가

나의 수명 설함 듣고　이를 믿고 받으면

이와 같은 여러 사람　이 경전 머리에 이고

나도 미래 중생 제도　오래도록 살아서

오늘날의 세존처럼　석가족의 왕과 같이

사자후로 설법하되　두려움이 없게 되며

우리들도 미래세에　모든 중생 존경 받아

도량에서 수명 설함도　위와 같게 하옵소서.

마음 깊이 믿는 이가　청정하고 정직하여

많이 듣고 능히 가져　부처 말씀 이해하면

앞으로 오는 세상　이 같음을 의심 말라.

"또 아일다여, 어떤 이가 부처님의 목숨이 길고 오래임을 듣고 그 뜻을 알면 이 사람이 얻은 공덕 끝이 없어서 능히 여래의 위없는 지혜를 일으키느니라.

하물며 이 경을 듣고 남에게 듣게 하거나, 자신이 지니고 남에게 지니게 하거나, 자신이 쓰고 남에게 쓰게 하거나 또는 꽃·향·영락·당번·증개·향유·소등으로 경전에 공양하면, 이 사람의 공덕은 헤아릴 수 없고 가이없으며 모든 일체종지가 생기느니라.

아일다여, 만일 선남자 선여인이 '나의 수명이 길고 오래이다.'라고 설함을 듣고 깊은 마음으로 믿고 이해하면 부처님이 항상 기사굴산에 계시면서 대보살과 성문 대중들에게 에워싸여 설법함을 보게 되며, 또 보니 이 사바세계가 유리로 땅이 되어 평탄하고 반듯하며, 염부수의 숲속을 흐르는 강 바닥에서 나는 가장 고귀한 황금으로 여덟 갈래 교차로를 경계하며, 보배나무가 늘어서고 모든 누대가 다 보배로 되었으며, 보살 대중이 그 가운데 있음을 보게 되리라.

만일 이와 같이 본다면, 이것을 깊이 믿고 이해하는 결과임을 마땅히 알라.

또 여래 멸도 뒤에 만약 이 경을 듣고 비방하지 않고 기뻐하는 마음 일으키면 이미 깊이 믿고 이해한다 하거늘 하물며 읽고 외워 받아 지니는 사람이랴. 이 사람은 여래를 머리에 받드는 것이 되느니라.

아일다여, 이 선남자 선여인은 나를 위하여 다시 탑과 절을 세우거나 승방을 짓거나 네 가지 일로써 승가에 공양하지 않아도 되느니라.

왜냐하면 이 선남자 선여인이 이 경전을 받아 지니고 읽고 외우는 것은, 이미 탑을 일으키고 승방을 짓고 승가에 공양함이 되기 때문이니, 이는 곧 부처님 사리로 칠보탑을 세우되, 높고 넓게 치솟아 점점 작아져서 범천에 이르고 온갖 번개와 보배 방울을 달아 꽃·향·영

락·말향·도향·소향과 여러 가지 북·기

악·퉁소·피리·공후와 갖가지 춤을 추며

아름다운 소리로 노래 불러 찬탄함이 되니,

헤아릴 수 없는 천만억 겁에 이와 같이 공양

함과 같노라.

아일다여, 내가 멸도한 뒤에 이 경전을 듣고

받아 지니며 스스로 쓰거나 남을 시켜 쓰게

한다면, 이 공덕은 승방을 지어 붉은 전단으

로 서른두 채 전당을 지으니, 높이는 팔 다라

수요 높고 넓어 장엄하고 아름다우며 백천 비

구가 그 안에 살고 원림과 목욕하는 못과 산

책하는 길과 참선하는 동굴과 의복·음식·

침구·탕약 등 온갖 생활도구가 그 안에 충만

하며, 이와 같은 승방 전각이 수없는 백천만

억이라. 그 수를 헤아릴 수 없으니 이것으로

내 앞에서 나와 비구들을 공양함이 되노라.

그러므로 내가 말하기를,

'여래가 멸도한 뒤에 누가 이 경전을 받아 지니고 읽고 외우며 남을 위해 설하거나 혹은 자기가 쓰고 남을 시켜 쓰게 하며 경전에 공양하면, 다시 탑과 절을 세우고 승방을 짓고 승가에 공양할 것이 없다.' 하였느니라.

하물며 어떤 사람이 이 경을 받아 지니면서 겸하여 보시·지계·인욕·정진·선정·지혜를 모두 행하면, 그 덕은 가장 수승하여 헤아릴 수 없고 가이없노라. 마치 허공이 동서 남북과 네 간방과 상·하방이 헤아릴 수 없고 가이없음과 같이 이 사람의 공덕도 또한 이 같이 헤아릴 수 없고 가이없어 속히 일체 종지에 이르게 되느니라.

만일 어떤 사람이 이 경을 독송하며 받아 지니고 남을 위해 설하며, 자신이 쓰고 남을 시켜 쓰게 하며 다시 탑을 세우고 승방을 지으며, 성문 대중에게 공양하고 찬탄하며 또한 백천만억의 찬탄하는 법으로 보살의 공덕을 찬탄하며, 또 남을 위해 갖가지 인연으로 뜻을 따라《법화경》을 해설하며, 또 청정하게 계를 지켜 화합하는 이와 함께 살며, 인욕을 잘해 성냄이 없고, 뜻과 생각이 견고하며, 항상 좌선을 귀하게 여겨 모든 선정을 얻고 용맹정진하여, 여러 선법을 잘 거두어 현명한 지혜로 어려운 질문에 잘 대답하느니라.

아일다여, 내가 멸도한 뒤에 여러 선남자 선여인이 이 경전을 받아 지니고 읽고 외우는 이는, 다시 이와 같은 모든 훌륭한 공덕이 있어 도량에 나아가 위없이 높고 바른 깨달음에 가까워져 보리수 아래에 앉음과 같느니라.

아일다여, 이 선남자 선여인이 앉거나 서거나 거니는 곳이면 여기에 탑을 세워 모든 하늘과 사람이 다 공양하되 부처님의 탑과 같이 하여라."

그때, 세존께서 이 뜻을 펴시려고 게송으로
말씀하셨다.

　　내가 만일 멸도한 뒤　《법화경》을 지니면
　　이런 사람 받는 복은　위에 말함과 같으며
　　일체의 여러 공양　모두 다 갖춤이니라.
　　사리로 탑 세우고　칠보로써 장엄하여
　　높고 넓은 그 표찰이　범천까지 이르고서
　　천만억의 보배 방울　바람에 묘한 소리 내
　　셀 수 없이 오랜 겁을　이 탑에 다 공양하되
　　꽃과 향과 영락들과　하늘옷과 기악으로
　　향유등과 소등으로　두루 밝게 비치네.
　　미래 오는 악한 세상　이 경전을 지니면
　　위의 여러 가지 공양　모두 다 갖추니라.
　　만일《법화경》지니면　부처님 계시올 때
　　우두전단향 나무로　승방 지어 공양하니
　　그 당각은 서른두 채　높이는 팔 다라수며
　　좋은 음식 좋은 의복　침구들을 다 갖추며

거처하는 백천 중생      꽃동산과 연못들과

경행 선실 장엄하여      공양함과 같느니라.

믿고 아는 마음으로      받아 지녀 읽고 외며

남을 시켜 쓰게 하고      《법화경》을 공양하며

꽃과 향을 뿌리거나      수만 첨복 아제묵다

기름으로 불을 밝혀      이런 공양 하는 이는

셀 수 없이 얻는 공덕      빈 허공과 같으며

가이없이 많은 복덕      이런 줄을 알지니라.

또한 《법화경》을 지녀      보시 지계 인욕 등과

선정력을 기르면      악한 성질 전혀 없네.

탑과 절을 공경하고      비구들께 겸손하며

자만심을 멀리하고      지혜로써 항상 생각

비난하며 질문해도      순수하게 대답하는

이런 행을 닦는 사람      그 공덕이 한없으니

이런 공덕 성취하신      큰 법사님 뵙거든

하늘꽃을 뿌려주며      하늘옷을 입혀주고

부처님을 뵈온 듯이      머리 숙여 예배하라.

이와 같이 생각하며    불도량에 빨리 나가
무루 무위 법을 얻어    하늘 사람 이익 주리.
그 법사가 머무는 곳    거닐거나 앉고 누워
한 게송만 설하여도    그곳에 탑 세우고
미묘하게 장엄하되    갖가지로 공양하라.
이런 경지 머문 불자    부처님이 수용하니
거닐고 앉고 누을 때    부처님이 머무시네.

# 18. 수희공덕품

이때, 미륵보살마하살이 부처님께 여쭈었다.

"세존이시여, 선남자 선여인이 이 《법화경》
을 듣고 따라서 기뻐하는 이는 얼마만한 복을
얻습니까?"

다시 게송으로 말하였다.

　　세존께서 열반한 뒤　　《법화경》을 받아 들고
　　이를 기뻐하면은　　　얻을 복 얼마입니까.

이때, 부처님께서 미륵보살마하살에게 말씀
하셨다.

"아일다여, 여래께서 멸도하신 뒤에 비구·비
구니와 우바새·우바이와 그리고 지혜 있는
이로서 어른이나 어린이가 이 경을 듣고 따라
서 기뻐하며 법회에서나 다른 곳의 승방이나,
한적한 곳에서 혹은 성읍에서나 거리에서, 크
고 작은 마을을 들르면서, 부모·친척·좋은

친구·친지를 위하여 능력 따라 설하여, 여러

사람들이 듣고 나서, 따라 설법하며 또 다른

사람에게 전하여 이와 같이 전하고 또 전하여

오십 명째에 이르면, 아일다여, 그 오십 번째

의 선남자 선여인이 따라 기뻐하는 공덕을 내

가 이제 말하노니, 그대는 잘 들어라.

만일 사백만억 아승지 세계의 사생 육도 중생

으로서 탯줄에서 태어난 것·알에서 태어난

것·젖은 곳에서 태어난 것·의탁 없이 홀연히

생겨난 것과 또는 유형·무형과 유상·무상과

비유상·비무상과 무족·이족·사족·다족 등

이러한 많은 중생들에게, 어떤 사람이 복을 구

하려고 그들이 원하는 대로 즐길 물건을 다 나

누어주되, 하나하나의 중생들마다 염부제에 가

득한 금·은·유리·자거·마노·산호·호박

등 묘하고 진귀한 온갖 보배와 코끼리·말·수

레와 칠보로 된 궁전·누각 등을 주었노라.

이 큰 시주자가 이 같이 보시하기를 팔십 년을 채우고 나서 생각하기를,

'내가 중생들에게 즐길 물건을 보시하되 바라는 대로 해주었으나, 이 중생들이 다 늙어서 나이 팔십이 지나고 백발에 주름져서 죽을 날이 멀지 않았으니, 내가 그들을 부처님 법으로 가르쳐서 인도하리라.' 하고, 곧 그 중생들을 모아 놓고 선포하여 부처님 법으로 교화하며 보이고 가르쳐서 이익 얻고 기쁘게 하여, 깨달음에 첫발을 들여 놓은 경지인 수다원도와, 죽어서 한 번만 이 세상에 다시 태어나는 경지인 사다함도와, 욕계에 다시는 태어나지 않는 경지인 아나함도와, 성문 사과의 가장 윗자리인 아라한도를 얻어 온갖 번뇌를 털어버리고 깊은 선정에서 다 자재함을 얻어 여덟 가지 해탈을 갖추게 한다면, 그대는 어떻게 생각하는가. 이 큰 시주의 얻은 공덕이

많겠느냐, 많지 않겠느냐?”

미륵이 부처님께 말하였다.

“세존이시여, 이 사람의 공덕은 매우 많아서 헤아릴 수 없고 가이없습니다. 만약 이 시주가 중생에게 온갖 좋은 물질만 보시하였을지라도 공덕이 끝이 없거늘, 하물며 아라한과를 얻게 되었으니 이루 말할 수 없습니다.”

부처님께서 미륵에게 말씀하셨다.

“내 이제 분명히 그대에게 말하니, 이 사람이 온갖 좋은 물질로 사백만억 아승지 세계의 육도 중생에게 보시하고 또 아라한과를 얻게 한다 해도, 얻은 바 공덕은 이 오십 번째의 사람이 《법화경》의 한 게송을 듣고 기뻐하는 공덕만 못하며 백 분·천 분·백천만억 분의 하나에도 미치지 못하니, 산수와 비유로는 알지 못하노라.

아일다여, 이와 같이 쉰 번째의 사람이 차츰

전해진 《법화경》을 듣고 기뻐한 공덕도 끝이 없고 가이없는 아승지거늘, 맨 처음 법회 중에서 듣고 따라 기뻐한 사람은 어떻겠느냐. 그 사람의 복은 더욱 많아 헤아릴 수 없고 가이없는 아승지로도 비유하지 못하노라.

아일다여, 어떤 사람이 《법화경》을 위하여 승방에 가서 앉거나 혹은 서서 잠깐이라도 듣고 지니면, 이 공덕으로 말미암아 다시 태어날 적에는 좋고 으뜸가는 묘한 코끼리와 말과 수레와 귀한 보배로 된 가마를 얻고 또 천궁에 오르게 되느니라.

어떤 사람이 《법화경》을 강의하는 곳에 앉아 있다가 또 사람이 오거든 권하여 앉아 듣게 하고 자리를 나누어 앉게 하면, 이 사람의 공덕은 다시 태어날 적에 제석천의 자리나 범천왕의 자리나 전륜성왕의 자리를 얻게 되느니라.

아일다여, 어떤 사람이 다른 이에게 말하기를

'법화라는 경이 있으니 함께 가서 듣자.' 하여 그 말을 따라 잠깐이라도 듣게 되면, 이 사람의 공덕은 다시 태어날 적에 다라니보살과 함께 한곳에 나게 되니, 근기가 예리하고 지혜가 있으며 백천만 번 태어나도 벙어리가 안 되고 입에 냄새 나지 않으며, 혀에 병이 없고 입에도 또한 병이 없으며, 치아는 때 끼어 검지 않고 누렇지도 않으며, 성글지도 않고 빠지지도 않으며, 어긋나지도 않고 굽지도 않으며, 입술은 아래로 처지지 않고 위로 말려지지도 않으며, 거칠지도 않고 부스럼도 나지 않으며, 언청이도 안 되고 비뚤어지지도 않으며, 두텁지도 않고 크지도 않으며, 또한 검푸르지 않아서 미운 데가 전혀 없고 코는 납작하지 않으며, 또한 굽고 비뚤어지지도 않노라.

얼굴은 검지도 않고 좁고 길지도 아니하며, 오목하거나 비뚤어지지 않아 불쾌한 모습은 하나도 없노라.

입술과 혀와 치아가 모두 보기 좋고, 코는 길고 높고 곧으며, 면모는 원만하여 눈썹은 높고 길며, 이마는 넓고 평정하여 인상이 다 갖추어졌으며, 세세생생에 나는 곳마다 부처님 친견하여 법을 듣고 가르침을 받으리라.

아일다여, 그대는 잠시 이를 생각해 보라. 한 사람을 권하여 법을 듣게 할 때도 공덕이 이와 같거늘 하물며 한마음으로 듣고 설하며 읽고 외워서, 대중 가운데서 남을 위해 분별해 설하며, 위와 같이 수행하는 자의 공덕은 얼마나 크겠느냐."

이때, 세존께서 이 뜻을 펴시려고 게송으로 말씀하셨다.

어떤 사람 법회에서   이 경전을 듣고 얻어
그 한 게송만이라도   남을 위해 설해주며
이와 같이 점차 전해   오십 번째 교화 받은

그 사람의 얻는 복을  이제 내가 분별하리.

어떤 큰 시주자가  헤아릴 수 없이 보시하되

팔십 년의 긴 세월을  뜻에 따라 나눠 주고

그 중생들 노쇠하여  백발 되고 주름 잡혀

이빨 빠진 모양 보고  죽으리라 생각하여

이제 그들 가르쳐서  도과를 얻게 하리.

《법화경》의 방편으로  열반세계 진실한 법

세상은 모두 물거품  연기같이 허망하니

그대들은 모두 다들  싫은 생각 빨리 내라.

이 법 들은 여러 사람  아라한을 모두 얻고

여섯 신통 삼명 얻고  팔 해탈을 갖추어도

오십 번째 그 사람이  한 게송을 기뻐해도

얻은 복덕 셀 수 없어  비유할 수 없느니라.

이와 같이 전하여도  헤아릴 수 없는 복이거늘

법회 듣고 기뻐하면  그 공덕은 더욱 크네.

만일에 어떤 사람  한 사람을 권하면서

이 경전은 깊고 묘해  천만억 겁 지내어도

| | |
|---|---|
| 만나 보기 어렵다고 | 잠깐만 듣게 해도 |
| 이런 사람 얻는 복을 | 내가 이제 말하리라. |
| 세세에 입병 없고 | 이빨 단정 아름다워 |
| 입술 두껍지 않으니 | 아름답고 깨끗하며 |
| 혀는 검고 짧지 않고 | 코는 높고 곧 바르며 |
| 이마 모양 평정하고 | 얼굴 모양 단정하여 |
| 사람들이 즐겨 보고 | 추한 냄새 없는 입은 |
| 우담발화 좋은 향기 | 그 몸에서 항상 나네. |
| 누가 승방에 나가서 | 《법화경》의 설법함을 |
| 잠깐 듣고 기뻐하면 | 그 복덕을 말하리라. |
| 내세 하늘사람 중에 | 코끼리와 말과 수레 |
| 귀한 보배 가마 얻어 | 하늘 궁전에 오르며 |
| 법 설하는 곳에 나가 | 사람 권해 듣게 하면 |
| 이런 복의 인연으로 | 제석 범천 전륜왕 되며 |
| 한마음으로 듣고 | 그 뜻을 풀어주며 |
| 설한 대로 수행하면 | 받는 복이 끝이 없네. |

사 경 본
# 법화경 사경③

2021(불기2565)년 2월 9일 초판 1쇄 인쇄
2024(불기2568)년 6월 13일 초판 4쇄 발행

편 집 · 편 집 실
발행인 · 김 동 금
만든곳 · 우리출판사

서울특별시 서대문구 경기대로9길 62
☎ (02) 313-5047, 313-5056
Fax. (02) 393-9696
wooribooks@hanmail.net
www.wooribooks.com
등록 : 제9-139호

ISBN 978-89-7561-348-7 13220

정가 6,000원